基金项目：辽宁省高等学校基本科研项目（LJKMR20220709）

变革领导力对建筑企业数字化转型绩效的影响研究

王世明　苏　慧　李怡霏　著

中国财经出版传媒集团
中国财经经济出版社
北京

图书在版编目（CIP）数据

变革领导力对建筑企业数字化转型绩效的影响研究 / 王世明，苏慧，李怡霏著. -- 北京：中国财政经济出版社，2024.2

ISBN 978-7-5223-2825-6

Ⅰ.①变… Ⅱ.①王… ②苏… ③李… Ⅲ.①建筑企业-工业企业管理-数字化-研究 Ⅳ.①F407.96-39

中国国家版本馆 CIP 数据核字（2024）第 041415 号

责任编辑：彭　波　　　　责任印制：史大鹏
封面设计：卜建辰　　　　责任校对：胡永立

变革领导力对建筑企业数字化转型绩效的影响研究
BIANGE LINGDAOLI DUI JIANZHU QIYE SHUZIHUA ZHUANXING JIXIAO DE YINGXIANG YANJIU

中国财政经济出版社 出版

URL：http：//www. cfeph. cn
E-mail：cfeph@ cfeph. cn

社址：北京市海淀区阜成路甲 28 号　邮政编码：100142
营销中心电话：010-88191522
天猫网店：中国财政经济出版社旗舰店
网址：https：//zgczjjcbs. tmall. com
中煤（北京）印务有限公司印刷　各地新华书店经销
成品尺寸：170mm×240mm　16 开　10.25 印张　126 000 字
2024 年 2 月第 1 版　2024 年 2 月北京第 1 次印刷
定价：78.00 元
ISBN 978-7-5223-2825-6
（图书出现印装问题，本社负责调换，电话：010-88190548）
本社图书质量投诉电话：010-88190744
打击盗版举报热线：010-88191661　QQ：2242791300

前　言

数字经济的快速渗透正在催发建筑业的数字化变革，数字化转型已成为建筑业实现高质量发展的关键策略。但相关数据表明我国建筑业的数字化水平远低于世界平均水平。建筑行业技术工种多且杂、发展模式粗放、组织层级横向割裂、产业链长等痛点给数字化战略的管理和实施带来诸多不确定性问题，也严重阻碍了建筑企业的数字化转型进程。因此，如何打破建筑企业的数字化困境，有效提升数字化转型绩效并加快数字化为建筑企业赋能，逐渐成为建筑企业顺应数字经济时代发展要求、实现高质量发展的内在需求。理论与实践证明，在组织变革过程中采用变革领导力是一种十分有效的方式。具备变革领导力的领导，能够重视数字化战略的影响，在整个组织内营造数字化发展的文化氛围，提升整个组织应对数字化挑战的敏捷性。因此，深入探析变革领导力对数字化转型绩效的内在作用机理对推动建筑企业的数字化转型进程具有重要意义。

首先，本书以建筑企业为研究对象，基于高阶理论研究变革领导力对建筑企业数字化转型绩效的影响，以动态能力理论的“3P”分析框架为基础，构建了“资源基础—动态能力—数字化转型绩效”的底层逻辑分析框架。从动态能力视角切入，引入组织敏捷性作为两者作用过程的中介解释机制，环境动态性作为权变因素，搭建出环境动态性下建筑企业变革领导力对数字化转型绩效影响的理论模型，剖析建筑企业变革领导力对数字化转型绩效的作用机制及其边界条件。

其次，使用偏最小二乘结构方程模型方法基于问卷调研的数据进行实证分析，对构建的理论模型进行路径检验。结果表明，对于数字化转型背景下的建筑企业而言，变革领导力及其四个子维度（德行垂范、愿景激励、个性化关怀与领导魅力）对数字化转型绩效具有正向影响作用；变革领导力不但对数字化转型绩效具有直接影响作用，也能通过组织敏捷性及其两个子维度（市场利用敏捷性和运营调整敏捷性）的部分中介作用对其产生间接正向影响；环境动态性正向调节建筑企业变革领导力与组织敏捷性、组织敏捷性与数字化转型绩效之间的关系。

最后，从组态视角出发，使用必要条件分析与模糊集定性对比分析相结合的方法深入分析模型内多个要素对建筑企业数字化转型绩效的组合作用效果，系统解析建筑企业数字化转型绩效的提升路径。结果表明，实现建筑企业高数字化转型绩效的等效路径有 8 条，并归纳总结为三种模式，分别为榜样力量驱动型、动态环境驱动型、关怀激励驱动型。在整合实证分析结果的基础上，提出促进建筑企业数字化转型绩效提升的对策建议。研究结论对于推动建筑企业的数字化转型进程、帮助企业适应数字经济背景下的动态环境具有一定的指导作用。

作者

2024 年 1 月

目　录

第1章 绪 论

1.1 研究背景与问题提出

1.1.1 研究背景

随着新一代信息技术的快速迭代更新和广泛应用，全球掀起了新一轮技术与产业变革的浪潮。以数据资料、数字技术为重要生产要素的数字经济正在促使传统行业加速其数字化进程，发展数字经济已成为各国经济发展的新动能。现如今，我国经济总量的三分之一左右是由数字经济所带来的，“十四五”规划纲要也进一步指出，在2025年前要将数字经济核心产业增加值在GDP中所占比重提高到10%。可见，发展数字经济已成为当下乃至未来中国推动经济发展的工作重点，是提高国家实力以及国际竞争力的重要举措和必然选择。建筑业作为我国国民经济的支柱产业，新发展理念对传统建筑行业的发展也提出了更高要求。在“十四五”规划纲要的部署与指导下，由住建部、国家发改委等13个部门联合发布的《关于推动智能建造与建筑工业化协同发展的指导意见》明确指出，建筑业未来的工作重点即是推动建筑业数字化、智能化升级。在大变革的数字经济态势以及先进宏观政策共同作用下，数字化转型显然已成为实现建筑行业可持续和高质量发展的重点和关键。

建筑企业是指从事建筑产品经营与生产，向市场提供建筑产品和与建筑有关的服务，实行自主经营、独立核算、自负盈亏且具有法人资格的经济实体。区别于其他行业，建筑企业的主营业务以工程项目为主，建设项目开展过程中涉及多个项目主体、冗长的价值链以及繁杂的合同关系，业务往来呈现分散化和单一化的特点；建筑行业传统的管理方式主要强调纵向管控，在横向沟通方面存在严重桎梏，标准化程度低且管理难度大。这些先天不足的特质不仅使其面临着“大而不强”的突出问题，在数字经济浪潮下这些痛点更是被无限放大，严重阻碍了建筑行业的发展升级。同时，数字技术的发展和施工项目的复杂性，使得建筑企业对更高生产率的需求明显增加，消费者对精益建造的需求明显增加，建筑业传统的粗放型发展模式已难以满足高质量发展的需求。因此，在新旧动能转换时期，建筑企业需要突破传统运营模式的束缚寻找发展的新出路，而数字化转型是传统建筑企业获得发展新动能的必然选择，也是其长足发展的必经之路。

2019年，广联达公司在中国数字建筑年度峰会上发布了《数字建筑：建筑产业数字化转型白皮书》，加速了建筑业数字化行动落地实践的进程。数字化转型理念在建筑企业间广泛传播，各大建筑企业开始意识到数字化转型在新一轮产业变革中的重要作用并纷纷将其纳入企业战略规划，但数字化转型仍处于战略部署阶段。直至2020年新冠疫情的出现，住建部出台了一系列措施以保证建筑企业有序开展复工工作，其中包括推进大数据、物联网、BIM等数字技术在建设项目中的应用，建筑业数字化转型走上实践之路。例如，中铁四局着力于“智慧工厂”“数字新基建”等业务模块，取得了3D打印小型预制构件、BIM + GIS平台等一系列科研成果并在诸多项目工地上推广应用，有效提高了项目决策层的管理水平；中建三局与阿里云合作，在自己独有的物联网平台基础上结合阿里云的数据中台和业务中台打造了一个数字建造平台，实现了生产资料的可视化。尽管一些建筑企业已进行了初步尝试，将BIM、大数据、区块链、物联网等数字技术应用于建设过程中。但据《想象建筑业数字化未来》报告统计，建筑业在各行业数字化指数的排名中仅领先于农牧业，居倒数第二位，数字化水平亟待加强；中国产业信息网数据也显示，当前建筑企业运用计算机技术和数字技术的项目还不及10%，建筑企业数字化转型进程依然缓慢，推进建筑业数字化转型仍然任重而道远。

鉴于粗放式劳动密集型仍然是目前建筑行业的基本属性，管理者和员工缺乏对数字化转型的认知和能力影响了最终的转型效果，导致当前建筑企业数字化转型仍然处于试点项目阶段并随时面临失败的风险。Aghimien 等（2022）指出建筑行业在采用数字技术改善服务、流程和产品方面进展缓慢，而建筑企业的领导者是推动这一过程的关键。由此可见，建筑企业的数字化转型问题更应该是一个管理问题而非技术问题。Porfirio（2021）等提出组织需要寻求具有变革领导力的领导者来实施数字化转型，以在工业 4.0 时代保持竞争优势。因此，推动数字化转型进程的背后是变革领导力这一关键角色。同时，数字化转型战略的制定与实施过程是建筑企业利用市场信息和数字技术获取竞争优势的过程，动态能力理论也强调企业通过对动荡的环境及时响应保持竞争优势，这些都需要建筑企业具备敏锐的机会感知能力、及时整合资源并调整运营模式的能力作为支撑。而组织敏捷性作为感知与响应环境变化综合能力的体现，在变革领导力与数字化转型绩效的衔接中具有至关重要的作用。此外，行业政策、竞争对手行为以及客户需求的不断变化使得建筑市场始终处于动荡状态，这在很大程度上加大了数字化活动的风险和不确定性。根据权变理论，企业所处的环境的动荡程度必然会影响领导者在转型过程中的决策和行为，因而需要考量环境动态性在整个影响机制中所扮演的角色。

基于以上背景，建筑企业面临前所未有的变革压力，传统的建筑企业要想在复杂动荡的环境中生存和发展，就需要在建造过程、商业模式、运营流程等方面进行颠覆式的数字化转型以适应数字经济环境并从中获益，而在这一过程中具备变革领导力的领导者发挥了重要作用。因此，深入研究建筑企业变革领导力如何影响数字化转型绩效对于推动建筑企业的数字化进程具有十分重要的意义。

1.1.2 问题提出

数字技术的快速更新和发展产生了一个高度复杂动态性的建筑市场环境，为了适应这种动态环境、满足国家和政府的高要求以及客户的高需求，建筑企业必须认真探索新兴的数字化转型技术提供的变革机会，以此提高建筑企业的灵活性和敏捷性。但要成功实现变革，企业除了要解决技术问题外，还要解决管理问题。若自身的领导者或决策层不具备变革领导力，数字化转型的进程依然会受到影响。建筑企业是数字化转型的践行主体，但建筑企业领导作为数字化战略的决策主体和指导者，其领导能力和领导风格直接影响企业员工对数字化战略的接受度和践行效果，进而影响建筑企业数字化转型的进程和过程质量。因此，变革需要领导而且需要强有力的领导，数字化转型更需要具有数字化思维和应对复杂动态环境的变革领导力。当前数字化转型中的变革领导力仅得到了有限的关注，对于促进建筑业数字化转型进程和适应转型带来的环境变化究竟需要哪些领导能力和行为、这些特殊的领导能力和行为如何影响企业的灵活性和敏捷性从而进一步影响建筑企业数字化转型绩效的研究更是少之又少，将变革领导力影响建筑企业数字化转型绩效的“黑箱”学说转变为“白箱”学说亟待解决。此外，高数字化转型绩效的实现往往是多种因素的组合作用效果，澄清多要素的组合构型对建筑企业数字化转型绩效的影响对于推动建筑企业的转型升级也具有重要的理论和实践意义。

基于以上背景，凝练出本书的关键研究问题：在复杂的动态环境作用下，建筑企业的变革领导力究竟会不会影响、如何影响数字化转型绩效，即其内在机制和边界条件是什么？是否存在多要素的组合构型对数字化转型绩效产生影响，即提升建筑企业数字化转型绩效的组态路径又有哪些？在此基础上，试图引入组织敏捷性为中介变量、环境动态性为调节变量对其内在作用机理进行解释，力图从实证分析的角度剖析建筑企业内外部因素对转型绩效的影响机制及组合作用效果，以揭开“黑箱”中的变量进而探求提高建筑企业数字化转型绩效的路径，为建筑业企业在数字经济时代的转型发展建言。

1.2 研究意义

1.2.1 理论意义

（1）本书以动态能力理论的“3P”分析框架为基础，构建了“资源基础—动态能力—数字化转型绩效”的逻辑分析框架。将高阶理论和权变理论嵌入其中，引入变革领导力作为建筑企业数字化转型绩效的前因变量（资源基础）、组织敏捷性作为这两者作用过程的中介解释机制（动态能力），环境动态性作为权变因素，搭建出环境动态性下建筑企业变革领导力对数字化转型绩效影响的理论模型，试图打开管理者领导风格对建筑企业数字化转型绩效作用机制的“黑箱”，厘清了相关变量之间的关系。本书是对动态能力理论“3P”模型研究的深化，在一定程度上丰富了动态能力理论的研究，也为数字化转型绩效的后续研究提供了新的着眼点和思路。

（2）本书探究了建筑企业变革领导力影响数字化转型绩效的路径。一方面，不同情境下的变革领导力往往呈现出不同的特征，通过系统地梳理变革领导力的相关研究，在已有研究基础上提出了数字化转型情境下变革领导力的概念，丰富了变革领导力的情境化研究。另一方面，对建筑企业变革领导力与数字化转型绩效的关系以及两者间内在机制的探讨，是为解释变革领导力影响建筑企业数字化转型进程的内在机制所做的有益尝试，将建筑业数字化转型从应用推广研究推向了战略管理层面的研究。引入组织敏捷性这一中介变量，深入诠释了组织敏捷性在建筑企业变革领导力与数字化转型绩效之间的传导作用，就打开变革领导力对数字化转型绩效作用机制的“黑箱”具有一定的启示意义，同时明确了组织敏捷性的价值，丰富了组织敏捷性的前因和结果变量的相关研究。

（3）本书探讨了环境动态性在变革领导力促进建筑企业数字化转型绩效的实现过程中的权变作用，扩展了变革领导力通过组织敏捷性间接影响建筑企业数字化转型绩效的边界条件。基于权变理论，本书认为环境动态性对建筑企业变革领导力与组织敏捷性之间的关系起到缓冲作用，同时进一步探讨其对组织敏捷性影响建筑企业数字化转型绩效过程的调节作用，进一步揭示管理者领导风格对于建筑企业数字化转型的重大推动作用以及对数字化转型战略实施的重要意义。变革领导力对项目绩效的影响已经引起了学术界的广泛关注，但少有研究考虑到外界环境的交互影响，通过将环境动态性这一外部环境因素引入概念模型也进一步丰富了高阶梯队理论的情境化研究。

（4）本书探索了实现建筑企业高数字化转型绩效的前因条件组态。为了推动建筑企业的数字化转型，在 PLS－SEM 实证分析结果的基础上，利用 NCA 与 fsQCA 相结合的方法并根据溯因逻辑探究实现建筑企业高数字化转型绩效水平的复杂机理，全方位权衡了各关键变量间的相互影响以及各变量的配置组合对建筑企业数字化转型绩效的影响，进一步明晰了建筑企业数字化转型绩效的提升模式，既弥补了现有文献在研究范式上的不足、为今后探讨企业转型绩效内外部因素的交互影响提供了指引，又为帮助建筑企业更好地适应转型经济背景下的动荡市场环境和加快建筑企业的数字化转型提供了有理论依据、有可操作性的对策建议。

1.2.2 现实意义

（1）在政策层面上，积极响应国家大力发展数字经济、推动建筑业转型升级的号召，对于克服传统建筑企业的落后和僵化问题，加速整个建筑业的数字化转型进程具有重要现实意义。随着新型数字技术的持续更新和广泛应用，越来越多的建筑企业由于外在环境压力和内部变革动力等原因需要利用数字技术进行改革。因此，针对建筑企业数字化转型这一现实问题进行研究，既符合国家对数字技术的战略部署，也符合当今中国建筑行业数字化转型的需求，更符合建筑市场的可持续和高质量发展的需要。本书关注于数字化转型背景下变革型领导力与建筑企业转型绩效的关系，积极响应国家推动建筑业产业结构转型升级的号召，旨在提升建筑企业领导能力水平并推动建筑业高效实现数字化转型。

（2）在企业层面上，通过探究对建筑企业数字化转型绩效产生影响的重要因素和内在机理，为建筑企业数字化转型过程中的人力资源管理和战略能力的提升提供实践指导，进而推动数字化转型进程。首先，通过变革领导力与数字化转型绩效的关系研究，有助于建筑企业更深刻地了解数字变革领导力的内涵，为数字化转型背景下建筑企业人力资源和培训部门的工作和招聘规划提供决策依据，不论在现实层面还是在战略层面，对于建筑企业改善领导者的认知和能力、组建能够帮助企业适应数字化转型背景下的市场环境并成功实现转型的领导者团队均具有指导意义。其次，本书将建筑企业的数字化转型问题置于动态的外界环境中进行分析，有利于企业有效识别和把握市场动荡情况和机会。尤其当转型升级迫切阶段与新冠疫情时期发生碰撞，加深企业管理者对于组织敏捷性的认识，能够帮助企业及时洞察市场机遇并调整运营战略，确保战略与环境相匹配，为建筑企业在不断变化的市场环境中更好实现数字化转型提供有力支撑。

1.3 国内外研究现状

1.3.1 变革领导力研究现状

20世纪40年代，聚焦于领导特质的现代领导力研究开始出现。随着组织内部管理的扁平化发展以及学术研究的深入，组织变革的模式和内容引起了学者的广泛关注，已有的领导力理论已经难以有效解决组织变革过程中出现的问题，学者们在研究中开始加入与行为有关的情境因素，并逐渐开展了关于变革型领导和变革领导力的相关研究。但由于目前国内的大多数研究均认为变革型领导等同于变革领导力。因此，在对于变革领导力相关研究的概述中，并没有对变革型领导与变革领导力进行严格区分。

当前已有的大多数研究都聚焦于将变革领导力作为输入变量，探讨其对个体、团队和组织的有效性影响路径，其中不乏对于中介机制的探索研究。本书对相关文献进行梳理，结果具体见表1-1。

表1-1 变革领导力的相关研究

研究视角	研究领域	作者	具体内容	
			中介变量	因变量
个体层面	绩效	Yang等（2019）	组织嵌入性	工作绩效
	心理	时勘等（2022）	工作重塑	工作幸福感
	行为	刘钢（2020）	组织支持感和自我效能感	角色行为

续表

研究视角	研究领域	作者	具体内容	
			中介变量	因变量
团队层面	绩效	Zheng 等（2017）	知识共享	创新绩效
	特征	杨红等（2021）	知识共享	创造力
	行为	Zhang 等（2018）	创新氛围	创新行为
组织层面	绩效	Shah 等（2020）	绿色创意和绿色采购	可持续发展绩效
	特征	杨智艳等（2022）	组织公民行为	组织韧性

在个体层面上，众多研究表明变革型领导对下属的绩效、心理及行为都产生了影响。Yang 等（2019）开展了一项关于变革型领导与酒店员工工作绩效的关系研究，结果表明变革型领导不仅对员工的任务绩效和情境绩效产生了直接正向影响作用，在基于工作嵌入理论引入组织嵌入性作为中介变量的基础上，也进一步实证检验了组织嵌入性在变革型领导与服务绩效之间的介导作用；时勘等（2022）基于工作要求—资源理论认为变革型领导行为能够通过工作重塑提高员工的工作幸福感；刘钢（2020）在研究中验证了变革型领导对员工角色行为的预测作用，并且指出组织支持感和自我效能感在这一过程中起到了多重多步的中介作用。

在团队层面上，现有研究重点关注变革型领导对团队绩效、特征和行为的影响。Zheng 等（2017）在研究中指出，变革型领导既能够对建筑项目团队的创新绩效产生直接正向影响，又可以通过知识共享的中介作用对创新绩效产生间接影响；杨红等（2021）对 162 家高新技术企业开展了一项实证研究，研究证实了变革型领导对研发团队创造力的正向促进作用以及知识共享在这一过程中的部分中介作用；Zhang 等（2018）以 300 名建筑业专业人员为研究对象，通过对样本数据的实证分析发现变革型领导与项目团队创新行为之间存在正相关关系，且创新氛围在两者之间起完全中介作用。

变革型领导对于组织层面作用结果的研究相对较少，并且主要聚焦于对组织绩效和组织特征的影响作用探讨。Shah 等（2020）通过对尼泊尔建筑企业的305名项目团队员工进行问卷调查，结果发现绿色变革型领导对可持续发展绩效具有直接的正向影响，同时绿色创意和绿色采购显著介导了两者之间的因果关系。杨智艳等（2022）基于社会信息加工理论和动态能力理论构建了一个有调节的中介效应模型，通过对456份有效样本数据的实证分析发现变革型领导能够显著正向影响组织韧性，且组织公民行为中介了两者之间的关系，自我效能感又进一步调节了这一中介作用效果。

1.3.2 组织敏捷性研究现状

工业4.0时代是一个先进科学技术高速涌现、经济高速发展的时代，先进技术的出现不断激励企业采取智能化行动并开展数字化转型，传统企业的商业模式及其所处的市场环境都在发生颠覆性的变化。在这一形势下，组织敏捷性的研究显得尤为重要。

组织敏捷性作为前因变量，已有研究对于其作用结果的探讨主要集中在组织层面上，具体见表1－2。Rozak 等（2021）在研究中提出组织敏捷性作为数字战略计划的文化部分，能够有效增强决策能力、技术和资源的集成能力，推动产品和服务计划的成功，进而提升企业绩效。Cho 等（2022）指出具有高组织敏捷性的企业更有可能在技术不确定和不稳定的环境中取得更好的绩效，与竞争对手相比在国际市场中具有更大的竞争优势。Medeiros 和 Macada（2021）在巴西经济部门的管理人员间开展的一项调查中发现，业务分析在组织敏捷性的介导作用下对企业的竞争优势产生了间接影响，同时研究也证实了组织敏捷性对竞争优势的直接影响作用。此外，Ghufran（2022）等的研究也表明，组织敏捷性反映了企业快速响应和利用环境变化的能力，能够在一定程度上推动建筑项目供应链的可持续性。

表 1－2　　组织敏捷性作为前因变量的相关研究

作者	结果变量
Rozak 等（2021）	企业绩效
Cho 等（2022）；Medeiros 和 Macada（2021）	企业竞争优势
Ghufran 等（2022）	建筑项目供应链的可持续性

将组织敏捷性视为结果变量，对组织敏捷性的影响因素进行归类总结，大致可以分为两类：技术因素和组织因素，具体见表 1－3。在技术因素方面，已有研究指出数字技术的出现为解决信息技术与组织敏捷性之间的矛盾提供了一个全新的解决方案，能够实现服务创新流程和价值创造模式的重塑，进而提升组织敏捷性。在针对伊朗各行各业的 500 家公司开展的一项研究中发现，由信息技术支持的业务分析能力能够通过提高信息质量和创新能力来提高对于市场变化的感知能力和应对能力，即业务分析能力对组织敏捷性产生了重大影响。在此基础上，Chen 和 Siau（2020）进一步研究发现，业务分析的使用和 IT 基础架构的灵活性将会对组织敏捷性产生显著影响。国内学者吴晓云和陈鹏飞（2015）通过实证分析国内 117 家服务企业的样本数据，发现 IT 资产（契合度）和 IT 能力的充分合理利用，能够增强服务企业的组织敏捷性。在组织因素方面，企业高管对于新的可能性的见解、支持和利用会影响大数据决策，组织学习能力会影响对于新技术的采用，这些都将对大数据分析能力产生影响，进而影响组织敏捷性。Menon 和 Suresh（2020）在研究中确定了组织结构、组织学习、领导力、与利益相关方的合作等八项组织敏捷性的影响因素，并指出领导力是最重要的推动因素。在 Busse 和 Weidner（2020）的研究中，通过对访谈结果的演绎归纳也证实了领导风格

对于组织敏捷性的驱动作用。

表1-3 组织敏捷性作为结果变量的相关研究

研究领域	作者	影响因素
技术因素	Sjödin 等（2020）	信息技术
	Ashrafi 等（2019）	业务分析能力
	Chen 和 Siau（2020）	业务分析使用和 IT 基础架构的灵活性
	吴晓云和陈鹏飞（2015）	IT 资产和 IT 能力
组织因素	Barlette 和 Baillette（2022）	高管的见解、支持和利用以及组织学习能力
	Menon 和 Suresh（2020）	组织结构、组织学习、领导力和与利益相关方的合作
	Busse 和 Weidner（2020）	领导风格

1.3.3 环境动态性研究现状

环境动态性是组织变革研究中不可忽视的重要权变因素，企业的转型升级活动和日常运营都依赖于外部环境，特别是在当前数字经济格局的影响下，技术及产品的推陈出新、客户需求难以预测、政府要求和政策内容日新月异等这些复杂多变的外界环境因素给企业带来了前所未有的挑战。这一实践环境的需求推动了学术界对于环境动态性的关注。

在当前的学术研究领域，环境动态性的研究重点划分为两个分支，具体见表1-4。一方面，将环境动态性作为影响决策和绩效的前因变量。例如，王新成（2021）等利用负二项回归实证模型对2012~2017年上市公司样本数据进行分析，探讨环境动态性作为创新战略选择的前因变量，对企业自主创新和合作创新战略决策的影响。程昶瑜（2021）基于“动态环境—动态能力—企业绩效”的研究范式，证实了环境动态性对于颠覆式创新绩效具有直接正向影响作用。另一方面，将环境动态性作为变量间作用效果的调节变量。例如，Ashrafi 等（2019）在研究中证实了环境动态性的技术动荡和市场动荡两个维度都积极缓和了组织敏捷性对企业绩效的影响。在数字经济时代，企业的内外部环境变化在一定程度上推动了转型战略的实施。张秀娥等（2022）基于动态能力视角认为企业技术能力的提升和商业模式的创新依赖于外部环境变化，高环境动态性驱使企业不断提升技术能力帮助其开发数字产品和服务，从而在数字化情境下实现对商业模式的革新，即环境动态性在技术能力对商业模式创新的影响过程中起到了正向调节作用。

表 1-4　　环境动态性的相关研究

研究分支	作者	具体内容
前因变量	王新成等（2021）	环境动态性和创新战略选择
	程昶瑜（2021）	环境动态性、资源拼凑和颠覆式创新绩效
调节变量	Ashrafi 等（2019）	组织敏捷性、环境动态性和企业绩效
	张秀娥等（2022）	技术能力、环境动态性和商业模式创新

1.3.4 建筑企业数字化转型研究现状

现实中各行各业对于转型升级的需求引发了学术界对于数字化转型的深刻探讨，并且随着研究的逐渐深入，建筑行业数字化转型的研究也开始引起学者们的关注。

（1）数字化转型的相关研究。

当前关于企业数字化转型的研究主要涉及前因、过程与结果三个主题，具体见表 1-5。在数字化转型动因方面，国家政策、行业特征以及消费者需求触发传统企业向数字化过渡。李孟原和陈晓荣（2019）基于资源基础观与权变理论从内部资源和外部环境两个维度构建了制造业数字化转型升级的影响因素理论框架，其中内部资源包含企业资源和核心能力两个方面，外部环境包含行业环境和政策导向两个方面。在后续研究中创新理论进一步拓展了数字化转型影响因素的现有知识体系，并深入解释了哪些因素驱动或阻碍了工业企业的数字化转型。通过对不同文献中数字化转型的影响因素进行梳理，发现领导力和组织文化、动态能力等是学者公认的企业成功实现数字化转型的关键因素。

表1-5 数字化转型的相关研究

研究主题	作者	具体内容
前因	Hanelt 等（2021）	国家政策、行业特征和消费者需求
	李孟原和陈晓荣（2019）	资源、核心能力、行业竞争环境和政策导向
	Steiber 等（2021）	经济和市场激励、技术创新、领导力、组织文化和敏捷开发工具
	Cichosz 等（2020）	领导力、组织文化、动态能力、战略运营能力和知识利用
	Fischer 等（2020）	领导力、组织文化、敏捷性、数字专业知识和信息技术创新
	陈春花（2019）	领导力、组织文化、业务模式、开放组织和技术
	Kohli 和 Melville（2019）	领导力、组织文化、动态能力和数字创新
	Pappas 等（2018）	数据分析能力和动态能力
	焦豪等（2021）	数字资源和动态能力
过程	Wengler 等（2021）	六阶段模型
	陈国权等（2021）	八阶段模型
	Priyono 等（2020）	三条路径：加速数字化、销售职能数字化和寻找数字合作伙伴进入市场
	Margiono（2020）	进攻型和防御型路径
实践结果	马赛和李晨溪（2020）	改善服务质量和提高客户满意度（积极）
	Teece（2018）	突破价值创造的边界和促进跨界融合（积极）
	Scholz 等（2020）	不确定性风险增加（消极）

在数字化转型过程方面，众多案例研究发现，不同行业的特质或能力优势决定了转型阶段的划分，同时也影响着领导者在企业不同发展阶段对于转型路径的选择的多样性，丰富了数字化转型路径的初步理论探索。Wengler 等（2021）从技术进步的角度提出了销售领域数字化转型的六阶段模型。陈国权等（2021）在归纳总结前人研究的基础上，认为制造企业的数字化转型应包括从决策到效果反馈的八个阶段，提供了一个全面而系统的数字化转型过程模型。新冠疫情的到来，加速了中小企业数字化转型的进程。Priyono 等（2020）归纳了在不同的情境因素条件下中小企业数字化转型的三条路径以更好利用数字技术应对新冠疫情带来的环境变化。Margiono（2020）提出进攻型和防御型两种数字化转型的新兴路径，并为组织领导者选择合适的战略路径提供了建议。

在数字化转型实践结果方面，一部分学者对于数字化转型的结果持积极态度。一方面，数字化转型有助于企业改善服务质量，从而实现了客户满意度的提高；另一方面，数字技术突破了价值创造的边界，为跨界融合提供了可能。与以上观点相反，有学者认为数字化转型具有破坏性，转型中的企业面临着巨大的不确定性冲击，对企业应对这种风险的敏捷性和韧性提出了更高要求。

（2）建筑企业数字化转型的相关研究。

学术界对于建筑企业的数字化转型研究，目前还处于理论探索阶段，主要包括三个方面，具体见表 1－6。第一，数字化转型在建筑行业应用的困境和不确定性的讨论。建筑行业对先进数字技术的接受和实施程度低于其他高科技行业、盈利能力相对较低等这些建筑业的固有特征都是使用先进数字技术实施数字化转型的障碍。第二，探讨建筑业中特定数字技术的应用。在新加坡建筑业专业人员的一项调查中发现，大多数受访者认为集成数字化交付技术可以在一定程度上提升项目绩效，但其实施水平较低。Berlak 等（2021）在对德国建筑行业中生产机器人、3D 打印和

BIM软件的应用案例中发现，数字技术应用对提高建筑业生产力具有显著影响。此外，国内学者也重点探讨了物联网技术、虚拟建造技术在项目管理中的优越性及可行性。第三，探索从建筑3.0到建筑4.0时代数字化转型的演变和发展趋势。Lee等（2021）指出未来将进一步设计和开发物联网、大数据、增材制造、3D打印和区块链驱动的BIM施工服务。而高效建筑、用户数据驱动的建筑环境和价值驱动的计算设计是建筑行业数字化转型的三个新兴愿景。

表1-6　　建筑企业数字化转型的相关研究

研究主题	作者	具体内容
困境与不确定性	Boton等（2021）	接受度和实施程度低
	Woodhead等（2018）	盈利能力低
数字技术应用	Hwang等（2020）	数字化交付技术
	Berlak等（2021）	智能机器人、3D打印和BIM
	林永民等（2013）	物联网
	赵斌等（2011）	虚拟建造技术
演变与发展趋势	Lee等（2021）	设计和开发基于数字技术的施工服务
	Ernstsen等（2021）	高效建筑、用户数据驱动的建筑环境和价值驱动的计算设计

1.3.5 国内外研究现状述评

基于前述文献的回顾，现有研究成果为本书的研究奠定了基础，但仍然存在以下几个亟待完善的方面。

（1）建筑行业数字化转型的实证研究仍然较为匮乏。虽然数字化转型概念由来已久，但长期以来都以互联网、电商、服务业等新兴产业为主要研究对象，经验是否适用于建筑行业仍有待论证。仅有少数研究定性分析建筑行业数字化转型的现状和未来发展趋势，对于建筑业数字化转型的学术探索目前仍然停留在概念引入和技术应用阶段，关于建筑行业数字化转型的定量研究有待丰富。同时，现有研究多从数字化转型入手定性分析其实现路径，关于企业内部微观基础、宏观外部环境以及两者的交互研究较少，未来仍有待推进。

（2）变革领导力对数字化转型绩效的具体作用机制尚缺乏实证研究。领导力是关乎建筑企业战略目标实现乃至整个建筑业可持续发展的重要因素。已有研究大多聚焦于个体和团队层面对变革领导力的作用结果进行探讨，忽略了其与组织层面的关联程度，尤其缺乏变革领导力对组织变革的作用机理研究。尽管已有研究从理论上肯定了变革领导力是实现组织变革的关键，但目前尚未有研究给出一个合理且较为完整的理论框架解释变革领导力的作用机理，没有提供任何经验证据说明变革领导力如何影响数字化转型绩效以及是否涉及哪些参与变量在实现这种关系中发挥了关键作用，即在中介机制及发挥作用的边界条件的探索方面仍然存在“黑箱”，从而导致现有理论未能给转型背景下的建筑企业及其管理者提供有效的管理依据和支撑。

（3）建筑企业高数字化转型绩效的复杂形成机理仍然需要进一步探讨。现有研究多关注某一类变量对数字化转型绩效的线性效应和净效应。然而在实践过程中，影响数字化转型绩效的因素并不是相互独立的，而是多个前因的复杂组合作用的结果。针对单一视角或单一变量考察提升数字化转型绩效的路径存在极大的限制。因此考察多种前因变量的组态构型对数字化转型绩效的解释力度，能够更加深入地剖析提升建筑企业数字化转型绩效的机制。同时，影响数字化转型绩效的前因构型往往存在多种，即存在多种等效组态路径能够实现高数字化转型绩效，在多条路径中归纳总结建筑企业数字化转型绩效的提升模式与策略也值得深入研究。

1.4 研究方案

1.4.1 研究内容

本书从建筑企业数字化转型背景出发，确定以建筑企业为研究对象，分析变革领导力对建筑企业数字化转型绩效的影响机制，通过对前因变量的配置构型分析，探索提高建筑企业数字化转型绩效的组态路径，进而为有效促进建筑企业数字化转型提供参考。章节安排及具体内容如下：

第1章，绪论。首先，通过分析当前建筑行业数字化转型的现实背景，提出具体的研究问题并阐明实践的紧迫性和理论意义；其次，梳理和回顾研究所涉及构念的相关文献，厘清研究进展并对研究现状进行评述，挖掘现有研究的局限性。在此基础上，细化和明晰研究内容，针对所提出的研究问题选择科学适宜的研究方法，继而介绍研究所遵循的技术路线，并进一步归纳阐述研究的创新点。

第2章，概念界定与理论基础。首先，结合研究内容和背景界定研究所涉及的变量的概念，根据概念并结合已有研究明晰各个变量的维度；其次，依据具体研究内容，对动态能力理论中的“3P”分析框架进行扩展，搭建本书的逻辑分析框架，阐明变革领导力的作用过程，并对高阶理论和权变理论进行梳理，搭建理论分析框架，为中介及调节变量的选取提供必要的理论支撑，为后续研究假设的提出和理论模型的构建奠定基础。

第3章，研究假设与理论模型。结合前面的文献综述，对模型中变革领导力、组织敏捷性、环境动态性与数字化转型绩效四个变量及其维度间可能存在的影响关系进行理论推演，据此提出假设，进而构建本书的理论模型。

第 4 章，变革领导力对建筑企业数字化转型绩效的影响机制分析。这一部分主要从研究设计、调研数据的基本分析以及研究假设的检验三个方面展开论述。首先，依据所构建的概念模型，梳理和汇总与研究主题高度相关的文献中各个变量的测量题项，结合建筑业实际情况构建初始调查问卷，通过预调研净化和修改问卷题项形成最终问卷；其次，阐述问卷发放与数据回收的过程并报告描述性统计分析的结果，对有效样本进行信效度分析、相关性分析和同源偏差检验等数据质量的检验以及控制变量的差异性分析；最后，利用偏最小二乘结构方程模型逐一检验概念模型中的直接效应、中介效应和调节效应，以研究建筑企业变革领导力对数字化转型绩效的影响机制，并在此基础上引入重要性—绩效图分析工具以深入挖掘各细分指标的重要程度和表现水平。

第 5 章，建筑企业数字化转型绩效提升的多重组态路径分析。在第 4 章研究结果的基础上，运用必要条件分析与模糊集定性对比分析相结合的方法识别提升数字化转型绩效的多条等效路径并挖掘变量间的潜在替补关系，研究各前因变量的多种配置构型对建筑企业数字化转型绩效的影响，揭示影响建筑企业数字化转型绩效的多重并发因果机制。

第 6 章，建筑企业数字化转型绩效提升对策。综合影响机制分析和组态分析结果，针对全面提升建筑企业数字化转型绩效水平、推动建筑企业数字化转型进程的现实问题，给予对策建议。

第 7 章，结论与展望。对本书的研究成果进行简单总结，分析研究的局限与不足，在此基础上对未来有待进一步完善和深化的研究要点进行讨论。

1.4.2 研究方法

(1) 文献研究法。

通过阅读、梳理和归纳已有文献研究成果，深入分析现有研究的不足和局限性，探寻研究空白和相对薄弱的领域，进而确定研究的切入点以及相关的理论支撑。在已有研究中获得变革领导力、组织敏捷性、环境动态性以及建筑企业数字化转型绩效的维度划分和指标构成，结合建筑业数字化转型特点制定本书的测量量表。深入挖掘各变量之间的内在逻辑关系，进而提出研究假设并搭建理论模型，通过理论文献的梳理为后续研究的开展奠定了坚实的基础。

(2) 问卷调查法。

在现存的各种数据收集的方法中，问卷调查法是学术界公认的收集意见、态度和行为信息最受欢迎的方法，并已经在管理领域的研究中广泛使用。本书基于相关领域内文献成果的回顾和总结，参考已有研究中的成熟量表并结合建筑业特点初步确定调查问卷，为了保证调研结果的可靠性，借助小范围的预调研结果对问卷进行修正，形成最终问卷。在此基础上开展正式调研以获取实证分析的数据。

(3) 结构方程模型。

结构方程模型通常被用于评估理论与经验数据的有效性。本书根据研究对象内在关系利用偏最小二乘结构方程模型对理论模型进行检验，采用 SPSS 26.0 软件对调研数据进行预处理，并进行信效度分析以保证正式调查结果的合理性和可靠性。利用 SmartPLS 4.0 软件进行模型构建的基础上，对变革领导力与建筑企业数字化转型绩效关系的主效应、组织敏捷性的中介作用和环境动态性的调节作用进行检验。

（4）必要条件分析法。

必要条件分析是模糊集定性对比分析（fsQCA）方法实施的必要流程之一，尽管 fsQCA 方法也能够对必要性条件进行识别，但仅限于从定性视角判断某前因变量是否是结果变量的必要条件。必要条件分析法（NCA）的使用可以有效弥补 fsQCA 方法的局限性，从定量视角精准分析前因达到什么程度时才是结果产生的必要条件。因此，本书利用 NCA 方法对通过假设检验的前因变量的必要性进行分析，为后续应用 fsQCA 进行组态效应分析提供变量的必要性信息。

（5）模糊集定性对比分析。

QCA 方法认为结果变量是多个前因变量的组合作用效果，重视因果关系的复杂性。由于本书涉及众多理论的应用，并认为数字化转型绩效是组织内部因素与外部环境共同交互作用的结果，数字化转型绩效提升路径可能来自多种因素组合交互的作用结果，因此本书采取 fsQCA 方法对建筑企业数字化转型绩效的提升路径进行分析，探讨多种前因变量的构型对提高转型绩效的作用。

1.4.3 技术路线

本书拟针对当前建筑企业数字化转型的管理实践问题，以建筑业顶层设计中的重要支撑——领导力为切入点，探讨变革领导力与建筑企业数字化转型绩效之间的关系。本书严格按照“提出问题—分析问题—解决问题”这一研究逻辑展开，具体技术路线见图 1 – 1。

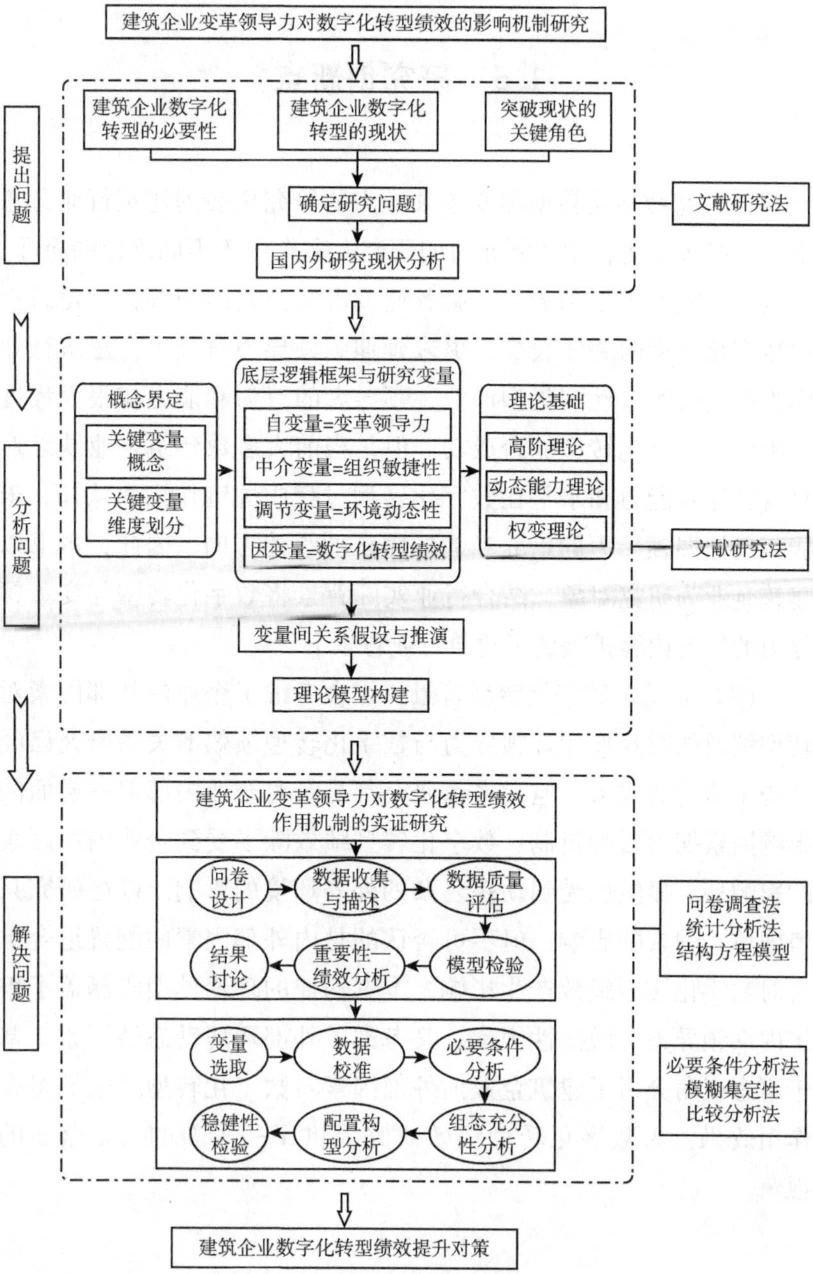
建筑企业变革领导力对数字化转型绩效的影响机制研究
提出问题
建筑企业数字化转型的必要性
建筑企业数字化转型的现状
突破现状的关键角色
确定研究问题
国内外研究现状分析
文献研究法
分析问题
概念界定
关键变量概念
关键变量维度划分
底层逻辑框架与研究变量
自变量=变革领导力
中介变量=组织敏捷性
调节变量=环境动态性
因变量=数字化转型绩效
理论基础
高阶理论
动态能力理论
权变理论
文献研究法
变量间关系假设与推演
理论模型构建
解决问题
建筑企业变革领导力对数字化转型绩效作用机制的实证研究
问卷设计
数据收集与描述
数据质量评估
模型检验
重要性—绩效分析
结果讨论
问卷调查法
统计分析法
结构方程模型
变量选取
数据校准
必要条件分析
组态充分性分析
配置构型分析
稳健性检验
必要条件分析法
模糊集定性比较分析法
建筑企业数字化转型绩效提升对策

图1-1 本书的技术路线

1.5 研究创新点

（1）将数字化转型和变革领导力的研究拓展到建筑行业背景下。现有数字化转型和领导力的研究大多集中于不同规模的企业，少量的研究聚焦于制造业、服务业或者是公共组织等，对建筑行业数字化转型的关注较少，更未延伸到领导力背景下。建筑行业作为粗放式的劳动密集型产业，领导者的行为和能力在很大程度上决定了数字化转型能否成功。但是当前大多数建筑企业缺乏对自身领导者能力和水平在数字化转型过程中关键作用的认知，未能正确把握领导力的培养和领导团队的组建方向。因此，本书以建筑企业为研究对象，结合行业实际背景将数字化转型与变革领导力的研究内容扩展到了建筑行业背景下。

（2）立足于数字化转型背景，综合考虑了企业内外部因素对转型绩效的交互作用。领导力与数字化转型绩效的关系研究已经取得了显著的成果，但大多数研究都是针对企业内部单一层面的影响因素探讨影响机制。数字化转型绩效除了受到企业内部因素的影响外，显然也受到动荡复杂的外界环境的影响。以往研究只考虑单一因素的影响，但不可否认的是内外部因素的配置组合也会对数字化转型绩效产生影响。本书构建的理论模型既涵盖了组织内部领导力、敏捷性因素，又考虑了外部环境动态性因素，基于组态视角分析了建筑企业内外部因素对数字化转型绩效的组合作用效果，为数字化转型绩效研究提供了一个新的、更全面的视角。

变革领导力对建筑企业数字化转型绩效的影响研究
Chapter 2

第2章　概念界定与理论基础

2.1 概念界定

2.1.1 变革领导力

由于变革领导力的概念源于变革型领导，有必要根据已有相关文献梳理两者的内涵、区别和联系，以明确数字化转型背景下建筑企业变革领导力的定义并根据定义确定其结构维度，为后续研究的开展奠定基础。

（1）变革领导力的内涵。

Burns（1978）首次提出了变革型领导（Transformational Leadership）的概念，认为变革型领导是通过对员工动机激励和思想价值观的灌输来提高员工对所承担工作的意义与价值的自我意识，提高员工的归属感，使其主动将个人利益融入集体利益中。知名管理学家 Bass（1985）进一步拓展了 Burns（1978）的研究内容，重新对变革型领导的定义进行阐述：领导者通过描绘美好愿景的手段，提高下属执行任务过程中的目的性，增强其完成任务后的成就感，使其为实现组织目标不断挖掘自身潜能并付出更多的努力。以上两位学者对变革型领导的定义，得到了学术界的普遍认可，后续的相关研究均以此为理论基础，构建变革型领导的多水平模型。随着研究的逐渐深入，在变革型领导的基础上又进一步拓展延伸出变革领导力（Change Leadership）的概念。这一概念由 Hooper 和 Potter（2000）首次提出，两位学者将变革领导力定义为领导者在组织变革情境中所表现出来的组织水平，这一组织水平是指领导者在组织变革过程中能否建立起清晰的未来愿景，能否根据愿景制定未来将要付诸实践的企业战略，进而带领并激励组织内的每位员工为实现愿景共同努力。结合变革型领导和变革领导力的内涵，梳理以往研究中对于两者侧重点、目标和特征的差异性描述。具体见表 2－1。

表 2－1　　　　变革型领导与变革领导力对比分析

项目	作者	变革型领导	变革领导力
侧重点	Herold 等（2008）	领导与员工之间长期稳定的情感承诺关系	一定时间跨度内组织进行的一系列变革活动
目标	Dumas 和 Beinecke（2018）	激发员工的自觉意识、积极性以及培养共同的价值观	加速组织变革进程、有效实现组织的变革目标
特征	吴挺（2016）	普遍意义	情境依赖性

从广义上讲，变革型领导和变革领导力都是基于组织变革过程中衍生出的与领导力相关的概念，变革型领导可以等同于变革领导力；而聚焦于具体情境，变革型领导又包含于变革领导力的内涵之中，属于变革领导力中强调领导特征的方面。具体而言，首先，变革型领导聚焦于领导与员工之间长期稳定的情感承诺关系，注重企业领导者与其员工之间的承诺与互动，是为了激发员工的自觉意识、积极性以及培养共同的价值观而存在的；而变革领导力聚焦于一定时间跨度内组织进行的一系列变革活动，侧重整个组织或团队的变革实践，是为了加速组织变革进程、有效实现组织的变革目标而存在的。其次，变革型领导强调的是一种对员工的激励过程，具有普遍意义，而变革领导力拥有情境依赖的特性，在组织变革的不同阶段、不同的情境下呈现差异化，可依据不同的情境进行调整。因此，变革领导力具有很强的情境特征，与变革型领导不同，是组织层面的概念，可根据不同的变革情境和变革阶段进行调整以更好地推进组织变革进程。建筑企业数字化转型是一个组织变革的过程，在数字化转型这一特殊变革情境下，变革领导力的概念比变革型领导更准确。因此，本书将重点

放在变革领导力上。

在数字经济时代，变革领导力与数字化能力是密不可分的。数字技术的实施对于传统领导者的数字化意识和认知能力提出了更高要求。Hanelt 等（2021）提出在数字化转型引发的组织变革的过程中，管理者需要具备数字化转型意识、数字化转型加速和数字化转型协调三种重要的领导技能。Morgan（2019）开展了一项关于 BIM 技术在建筑工程公司中采用过程的纵向研究，提出 BIM 技术的实施产生了数字领导者，建筑行业称其为数字冠军。数字冠军可以是建筑和工程项目的领导者，在任何困难条件下都坚定不移地实施数字技术。已有研究发现，数字冠军可以通过合作伙伴关系网络鼓励数字技术跨组织扩散，是建筑业数字化转型的关键驱动者。数字冠军应该具备数字化愿景、数字素养、以客户为中心、敏捷性、协作和冒险精神等特征，以领导和管理各个层级推动建筑企业的数字化转型。

综上所述，本书认为数字化转型背景下建筑企业的变革领导力是领导者在数字化转型情境下所表现出来的组织水平，既要包含变革型领导风格又要具备数字冠军的特质，即能够通过高水平的理想和道德价值观与员工建立长期稳定的情感承诺关系，激发员工的潜能，进而使组织内的员工都能为实现共同的数字化转型愿景而努力，能够具备一定的数字化素养和前瞻性视角。其意味着在快速变化的数字环境中进行探索，更适合数字化转型中建筑企业的复杂性。

（2）变革领导力的维度。

尽管学术界对于变革领导力和变革型领导的内涵作出了差异化解读，但两者也具有一定的联系。变革领导力和变革型领导都是在组织变革过程中衍生出的权变领导理论，从广义角度上来说，变革型领导等同于变革领导力。因此，当前学术界对于变革领导力的测度沿用了变革型领导的成熟量表。

随着有关变革型领导的实证研究的兴起，其内容维度的划分已成为学术界不断探索的重点内容。Bass（1985）不仅扩展了变革型领导的内涵，也首次提出了对其实施测量的《多因素领导问卷》，简称 MLQ 问卷，该问卷从对员工的个性化关怀、领导魅力和智力激发三个维度对变革型领导进行测量。在后续的研究中，Avoli（1999）等将愿景激励这一维度加入 MLQ 问卷中，确定了变革型领导的四维测度结构并在后续研究中广泛使用。与此同时，Rafferty 和 Griffin（2004）也重新审视了 Bass（1985）提出的三维度理论模型，认为该模型中三个维度之间的区分还存在模糊性等理论问题，并确定了变革型领导的五个子维度：即阐释愿景、鼓舞人心的沟通、支持型领导、智力激发和个人认同，每个维度包含三个题项。考虑到国内外文化差异，很多国内学者对适用于本土化研究的变革型领导的结构维度进行了探索和验证。李超平和时勘（2005）利用归纳法确定了一个符合中国儒家文化背景的本土化模型，该模型认为四维度划分下的智力激发不符合中国实际，取而代之的是德行垂范这一维度。孟慧等（2013）对变革型领导的维度划分在二阶构念上与西方学者基本一致，包含榜样影响、愿景激励、智力激励和个性化关怀四个维度，同时每个维度又划分为两个子维度，而德行垂范就属于榜样影响的一个子维度。

综上所述，德行垂范是变革型领导的极具中国特色的代表性维度。由于本书是在中国建筑企业中开展的本土化研究，因此采用李超平和时勘（2005）的维度划分方式，从德行垂范、愿景激励、个性化关怀和领导魅力四个维度对变革领导力进行测度。

2.1.2 组织敏捷性

组织敏捷性的概念由来已久，在相关研究不断深入的过程中，不同学者对其内涵和维度也产生了不同的理解。作为本书涉及的重要变量，结合研究内容明晰其概念和维度是不可或缺的。

（1）组织敏捷性的内涵。

随着企业面对的市场竞争和消费者需求与日俱增，组织如何适应以及应对不确定的、复杂的和动态的外界环境并在其中持续长足发展已成为产业和学术界高度关注的话题，组织敏捷性的概念就是在对这一命题的高度关注下逐渐进化而来的。组织敏捷性的提出最早可以追溯到20世纪80年代，敏捷性在业务环境中首次以“对快速变化的环境做出迅速反应的能力”被提及。在后续研究中，学者们主要基于技术和能力视角对组织敏捷性的概念内涵进行了探讨。Yusuf等（1999）首次将“敏捷制造”作为传统制造业应对动荡复杂环境的新式解决方案，并基于技术视角将组织敏捷性理解为企业对先进的制造技术和方法的集成整合及运用。可见，这种技术型的定义将组织敏捷性看作是企业要素的一部分，但并未体现出组织敏捷性这一概念提出的根本目的，即应对不确定的、复杂的和动态的环境。随着研究的深入，学术界对技术型的定义也提出了质疑，并开始从动态能力视角对组织敏捷性的概念进行界定和解读。

通过对现有文献的回顾，动态能力视角下的组织敏捷性的定义又可以细分为感知能力和响应能力两个层面。感知能力论聚焦于企业快速感知和预测市场波动的能力，并不考虑企业是否有能力处理和应对，侧重于组织敏捷性的灵活性特点。Roberts和Grover（2012）认为组织敏捷性是企业对市场中同行业竞争者的活动及行业未来发展趋势的一种预测能力。响应能力论聚焦于企业对多变和不确定性环境的反应能力、处理能力和适应能力，认为企业若只是察觉到环境的变化而不知如何处理，仍不是真正意义上的敏捷组织。因此，响应能力论认为企业在洞察到外界环境的变化后，能够迅速对其做出响应才是组织敏捷性的关键，强调组织敏捷性的适应性特征。Sambamurthy等（2003）认为组织敏捷性意味着及时调整内部的运营并迅速有效地制定新战略以应对外界变化的一种动态能力。

随着研究成果的丰富，近些年的一些学者整合了感知能力论和响应能力论的观点，将组织敏捷性视为对客户需求、竞争对手和经济变化的感知及响应能力的综合体。本书采用国内学者董华和夏淼（2020）对组织敏捷性的定义，将组织敏捷性视为灵敏快速地捕获市场变化并制定新的战略、及时调整内部运营模式以适应环境变化并获取更大竞争优势的动态性的综合能力。

（2）组织敏捷性的维度。

尽管组织敏捷性的多维结构已得到学术界的普遍认可，但由于侧重点不同并且组织敏捷性涉及各个经营环节，导致组织敏捷性的维度划分具有一定的多样性。首先，基于内部过程视角，Sharifi 和 Zhang（2001）重点考虑组织敏捷性的优化或提升路径，认为组织敏捷性应包含敏捷驱动力、敏捷能力和敏捷供应者三个维度。其次，Huang 等（2014）侧重于运营流程中的各个组件，将组织敏捷性进一步细分为五个维度，包括管理、产品设计、加工制造、合作伙伴关系形成以及信息系统集成的敏捷性。Chakravarty 等（2013）从组织敏捷性的感知和响应能力出发，将其刻画为两个维度，即创业敏捷性和适应敏捷性。Sambamurthy 等（2003）根据涉及的活动对象对组织敏捷性的维度进行划分，认为企业对客户、合作伙伴以及内部运营三者的高效敏捷协调是敏捷组织的关键能力体现，据此从客户敏捷性、合作伙伴敏捷性和运营敏捷性三个维度进行组织敏捷性的度量。

前述几种有关组织敏捷性的维度划分观点中，包括客户、合作伙伴和运营敏捷性三个维度的概念结构得到了学者们的普遍认同。其中，客户敏捷性指企业能够及时掌握市场上客户以及潜在客户的需求变化，利用客户的诉求和反馈信息来预测市场趋势并创新思想、产品和服务的能力；合作伙伴敏捷性指企业通过广泛的企业间协作面对动荡的商业环境的能力，具体表现为企业能够利用多种形式的合作伙伴关系网络实现资源和知识共享，当公司亟须使用关系网络中并不具备的资产、能力或知识时，又能够及时修改和扩展关系网络；运营敏捷性指企业在业务流程中寻求创新和竞争机会的能力，具体表现为在生产经营活动中呈现的对变化的响应速度、决策的准确性等能力。可见，合作伙伴敏捷性维度与另外两个维度之间存在一些相互交叉的部分，因此 Lu 和 Ramamurthy（2011）综合考虑了组织内部和外部的胜任力、灵活性等敏捷性属性，认为对于动荡环境的所有应对措施无外乎内部业务流程和外部市场需求导向两个层面，将组织敏捷性进一步划分为市场利用敏捷性和运营调整敏捷性两个维度，并开发了包含 6 个题项的测量量表。市场利用敏捷性指的是一个企业快速洞察和利用市场变化、客户需求偏好信息，通过持续地关注创新产品或服务模式并提高产品或服务质量的能力；运营调整敏捷性意味着企业通过调整其内部业务流程对外界市场和需求变化作出迅速响应的能力。这一结构维度的划分是对组织敏捷性的动态性综合能力的高度概括，学者们普遍认为其更适合在快速变化的市场环境下的研究并被广为沿用。在一些数字化转型背景下的相关研究中，涉及组织敏捷性的测量也多采用这一结构维度。例如，Alnuaimi 等（2022）在对公共部门数字化转型的研究中引入了组织敏捷性这一中介变量，对于组织敏捷性的维度划分和测度使用了 Lu 和 Ramamurthy（2011）提出的量表。

综上所述，Lu 和 Ramamurthy（2011）所提出的维度划分方式在现有研究中被广泛使用且得到了学术界的高度认同。因此，本书以此为依据，结合组织敏捷性的定义，将组织敏捷性划分为市场利用敏捷性和运营调整敏捷性两个维度。

2.1.3　环境动态性

作为本书中重要的权变因素，环境动态性的概念以及以概念内涵为基础的测量维度也需要结合数字化转型的背景和建筑行业的特点进行界定。

（1）环境动态性的内涵。

环境动态性是由企业复杂的外部环境中众多因素的变化引起的，如客户需求、技术更新迭代、政府要求和政策调整、合作伙伴和竞争者的行为等，对于企业的战略决策和经营活动都有一定的影响。对于环境动态性的概念界定，不同学者根据不同的侧重点也有不同的理解，大体可以分为两类。

第一类侧重于从物理学角度解释环境的波动情况，将环境动态性视为外界环境的变化频率和不可预测程度。例如，Miller 和 Friesen（1983）将环境动态性拆分成“环境”和“动态性”两个词来进行解读。其中，环境指的是包括顾客需求、行业政策、竞争模式等在内的整体市场环境；动态性指的是变化频率、变化速度和不可预测性，用以描述变化的情况。这一概念得到了大多数学者的广泛认同，并成为后续有关于环境动态性内涵研究的重要参考依据。Dess 和 Beard（1984）也将环境动态性界定为环境变化的频率，并指出环境始终处在变化之中且其变化没有任何规律可循，存在着很大的不确定性且难以预测。第二类侧重于从外界环境的组成单元考虑环境动态性的影响范围从而对其内涵进行解析，是第一类内涵研究在环境动态性所产生的影响方面的延伸思考。Zhang 等（2021）认为环境动态性是外界环境的不稳定性和不可预测性程度，重点涵盖了客户偏好需求、竞争对手行为、技术变革以及政府监管的不可预测性。孟凡生和赵刚（2018）在对制造企业智能化转型的研究中，从技术和市场两个外界环境的主要组成单元将环境动态性界定为技术革新、产品和服务等各种要素的变化程度，以及制造企业各利益相关方的需求和行为的不可预测性。

总结归纳上述关于环境动态性的概念研究，结合建筑企业的特点，本书认为环境动态性是建筑企业所处的外部行业环境中技术和市场的不稳定程度，具体描述为技术工具、顾客需求、竞争对手行为以及政策法规的变化速率和不可预测性。

（2）环境动态性的维度。

现有的大多数文献已经针对环境动态性的分析维度进行了讨论。Dess 和 Beard（1984）结合研究中对于环境动态性的概念界定，主要从环境变化速率和环境预测的困难程度两个维度来衡量环境的变动，并设定具体题项对其进行测度从而形成了初步量表。Jaworski 和 Kohli（1993）对这一维度的划分原则表示赞同，并在研究中对环境动态性的测量维度作出更细化、更深层次的阐释，对其测量题项进行了完善。两者在研究中指出环境动态性应从技术变化速度和市场动荡程度两个维度进行分析，其中市场的动荡程度包含企业所处市场中所有因素的变化，即客户需求和政策的更新迭代等。Jansen 等（2006）将关注重点置于创新层面上，认为环境动态性的重要特征还应包括创新所需的资源波动，即产品需求和原材料供给的波动。国内学者孟凡生和赵刚（2018）在对环境动态性进行测度时，并未对其维度进行细分，认为环境动态性涉及竞争、市场、客户等全部因素在内的动荡程度，并在实际操作过程中仅是依据其题项设计单维度量表。

综上所述，环境动态性具体可由技术和市场的动态性构成。在数字化情境下，建筑企业的技术动态性即为与行业相关的数字化技术的出现速度以及已有数字化技术的更新速度；市场动态性是建筑企业所处的外部市场环境的动荡对建筑企业产生的宏观影响程度，包括客户个性化和智能化需求、政策法规的调整、竞争对手的行动等宏观变化。因此，本书将环境动态性设置为反映型一阶变量，从技术和市场两个方面设计题项但不对其进行具体维度划分，分别反映技术动态性、市场动态性、竞争对手行为动态性、客户偏好动态性以及行业政策动态性。

2.1.4　建筑企业数字化转型绩效

建筑企业数字化转型绩效是“建筑企业数字化转型”与“绩效”构成的复合概念。厘清建筑企业数字化转型绩效的概念必须清晰地界定建筑企业数字化转型的概念。因此，本书通过梳理已有文献中对于数字化转型的定义并结合建筑行业的特点，给出建筑企业数字化转型的概念。进一步结合绩效的概念对建筑企业数字化转型绩效的概念进行界定，在此基础上明确其测量维度。

（1）建筑企业数字化转型的内涵。

作为数字经济背景下的一个重要现象，以数字技术为主要催化剂的数字化转型对企业造成了巨大的冲击，成为企业捕获价值并创造价值、保持活力和竞争优势的新兴战略手段。企业对于数字化转型的迫切需求也使得数字化转型成为学术界的研究热点，“数字化转型（Digital transformation）”这一术语是在数字化的发展历程中对于“数字化（Digitization）”“数码化（Digitalization）”的进一步深化，是重点针对业务数字化时期而提出的，已经在研究与实践中广泛使用，但对其概念的界定并未达成共识，不同学者对其含义有不同的见解。起初，在技术视角下，数字化转型被简单地理解为数字技术在企业业务环节中的运用。随着数字技术应用程度的深化，学者们发现数字化转型的重点并非仅局限于技术方面，还应包括管理方式、运营模式和社会关系等方面。随着学术界对于数字化转型的关注度不断提高，对于数字化转型的理解也已逐渐上升到战略层面，立足于组织变革的视角将其视为以数字技术为引擎的一种组织变革过程，数字技术在创造和强化变革方面发挥了重要作用，并对企业业绩产生了严重影响。

本书对近五年国内外数字化转型相关文献进行梳理，归纳总结了不同视角下对于数字化转型的定义，结果如表2－2所示。归纳总结这些定义，可以发现对于数字化转型的定义存在3个共性特征：第一，以数字技术为工具；第二，以重塑组织文化、运营流程、业务模式和价值创造模式等为途径；第三，以提升企业经济效益、客户体验和员工参与度以及企业竞争优势为最终目标。

表2－2　　　　数字化转型的定义

视角	作者	定义
技术	Legesse等（2018）	数字化转型是将数字技术融入企业的各个部门，影响其业务模式、运营流程和客户体验，从根本上改变企业绩效，并为客户带来价值
	Hausberg等（2019） Nambisan等（2019）	数字技术对个人、组织和社会的颠覆性影响
	Warner和Wäger（2019）	使用移动互联网、人工智能、云计算、区块链和物联网等数字技术改善客户体验、简化运营流程并开发新的业务模式
	Gurbaxani和Dunkle（2019）	利用数字技术对企业的愿景、战略、文化、能力、组织结构和流程的重塑
	EI Hilali等（2020）	在企业的业务流程中应用数字技术拓宽价值创造渠道的过程，其核心是数字信息
	Verhoef等（2021）	通过改变使用数字技术的方式以开发一种新的数字业务模式帮助企业创造和获取更多价值
	Tijan等（2021）	采用数字技术而重塑商业模式的过程，其目的是形成一个启用数字能力并创造价值的环境
	康芸（2022）	运用数字技术和支持能力对客户体验、模式创新等方面的业务持续优化的过程

续表

视角	作者	定义
战略	Li 等（2018）	由数字技术所引发的组织结构、日常流程以及组织适应能力等方面的变革活动
	Vial 等（2019）	通过信息、计算、通信和联结技术的组合激发实体属性发生重大变革的过程，并进一步解释为企业运用数字技术改变价值创造的过程，以应对复杂的环境变化
	ElMassah 和 Mohieldin，2020	企业和组织为应对当前和未来的机遇或挑战，利用数字技术在运营流程、组织能力和业务模式等方面进行的深刻变革
	Frankiewicz 和 Chamorro – Premuzic（2020）	数字化转型并非技术的转型，而是通过客户价值主张的重塑来改造企业的运营、价值创造及业务模式
	Hanelt 等（2021）	由数字技术的广泛扩散引发和塑造的组织变革
	王才（2021）	企业利用数字技术来优化或变革企业的生产服务方式的过程
	曾德麟等（2021）	以数字化的技术、产品和平台为基础进而引发个人、组织乃至整个行业的多层面变革的过程
	Oh 等（2022）	组织通过使用新的数字技术进行以客户为中心的商业模式改进来进行社会变革的活动

Craveiro 等（2019）类比制造业数字化转型概念化过程提出的工业 4.0，首次提出了建筑行业数字化转型的概念，将其定义为建筑 4.0——建筑业的第四次产业革命，其核心目标是利用 BIM 系统连接虚拟和实体建筑以实现更高水平的数字化。这一概念的核心观点为建筑行业的数字化转型有赖于数字技术。除 BIM 技术外，物联网（IOT）、云计算、3D 打印技术和虚拟现实技术（VR）等也是推动建筑业数字化转型的关键技术。其中，IOT 主要通过与其他数字技术相结合对施工现场进行安全监测和进度监控，实现了施工过程管理的数字化；云计算通过与 BIM 技术的结合，为利

益相关者的交互提供平台支持，促进建筑行业资源的高效整合；3D 打印技术通过建筑材料逐渐累加将三维模型转化为建筑实体，实现了施工流程的数字化；VR 通过将实体工程或环境可视化，帮助项目参与者分析和解决问题。显然数字技术是建筑企业数字化转型的重要因素。但建筑或工程公司的战略或运营环境由人员、结构、流程和文化四个要素构成，若仅考虑信息和通信技术的变化而忽略上述四个要素，企业并非在实施数字化转型，而仅是实施数字化附加组件。由此可见，建筑企业的数字化转型不仅是数字技术的简单应用，更重要的是数字技术所引发的企业业务和商业模式的全面转型与创新，应该将数字技术与建筑企业的业务、管理及商业模式深度融合。此外，建筑企业的数字化转型在很大程度上受到了行业特征的影响，这使其区别于其他行业。建筑行业具有对技术变化的抵制，同时，建筑产品具有单品性，不同客户的需求、区域性市场和环境的差异导致建筑产品和建设过程无法简单复制。因此，企业人员对于数字化转型的接受与理解程度、客户的个性化需求是一个非常重要的方面，应该包含在建筑业数字化转型的概念中，需要结合建筑行业的情景特征对数字化转型的内涵进行理解。

由于在企业层面上现有研究多基于组织变革的视角理解数字化转型，因此，本书主要借鉴了 Vial（2019）对于数字化转型的定义，结合建筑业的情景特征，将建筑企业数字化转型定义为由客户需求、政策引导、数字技术支持驱动的战略业务转型的过程，在项目开发和交付过程中运用先进的数字技术（BIM、IOT、云计算、3D 打印技术和 VR 等）、数字化服务和工作方式重塑组织文化、创新商业模式、改善运营流程、创造服务价值，实现企业经营与建筑建造业务的数字化，以此提升企业的经济效益、员工工作绩效、客户满意度及企业的竞争优势。

（2）建筑企业数字化转型绩效的内涵。

为了更好地理解数字化转型绩效的内涵，首先要对绩效的概念进行阐述。Bernadin 和 Beatty（1984）将绩效定义为在一段特定时间内，在特定的工作或活动中形成的结果记录，可以用企业经营效益、员工满意度来进行深入探讨。Campbell 等（1993）基于行为导向认为绩效是为了实现综合目标被观察到的行为，从行为和能力的角度衡量绩效是对结果导向定义的补充。可见，数字化转型和绩效两个构念的内涵均呈现多样性，这使得学术界对于数字化转型绩效的内涵也没有形成统一的理解。

当前学术界对于数字化转型绩效的理解主要立足于结果和过程两种视角。基于结果视角，数字化转型绩效是指企业实施数字技术带来的经济效益。随着研究的逐渐深入，更多学者开始意识到将数字化转型绩效简单概括为数字化实施的财务收益是片面的，并基于过程视角对数字化转型绩效的概念提出了不同的看法。卢艳秋等（2021）、池毛毛等（2020）认为数字化转型绩效描述的是企业通过数字技术进行变革和转型的程度。郭云武（2018）在探究中小企业数字化转型能力与绩效关系的研究中，将数字化转型绩效定义为企业数字化转型行动能力的成果表现。而建筑企业作为项目型企业，其数字化转型绩效应当综合考虑企业在经营活动和建设施工过程的作用效果。根据数字化转型、建筑企业数字化转型的综述，无论采取何种数字化转型路径，在建筑业数字化转型初级阶段，不仅需要关注企业的运营流程，还需要关注运营过程中涉及的人——员工参与度和客户的满意度，从而更好地实现转型目标。

因此，本书认为建筑企业数字化转型绩效是指数字化转型的过程质量和数字化目标的实现程度，对其测度应该综合考虑过程和结果变量。

（3）建筑企业数字化转型绩效的维度。

与数字化转型绩效的内涵相一致，对数字化转型绩效的维度划分也基于结果和过程两种视角。在结果视角下数字化转型绩效的定义重点关注数字化转型给企业带来的经济效益，因此对其测量主要使用市场份额、营收增长率和利润率等财务性指标。毋庸置疑的是，利用财务性指标界定数字化转型绩效更加客观且直观，但对于转型初级阶段的建筑企业而言，在实际操作中存在不易量化、数据获取困难的弊端。已有研究证实，绩效的主观感知测量结果与客观指标的测量结果之间是一种正相关关系，通过数字化转型参与者的主观感知测量数字化转型绩效时效性更高。基于此，一些学者转而开始从过程视角出发来衡量数字化转型绩效。例如，卢艳秋等（2021）、池毛毛等（2020）设计了包含商业运作、业务流程、价值创造三个方面的单维度测量量表。马鸿佳和王亚婧（2023）为了探究大数据资源对数字化转型绩效的作用机理，也使用单维度量表对其进行测量。而郭云武（2018）结合对数字化转型绩效的定义，基于已有研究引入“任务绩效”和“周边绩效”两个维度，编制了包含 6 个题项的数字化转型绩效量表。

可见，学术界对于数字化转型绩效的维度划分至今仍未达成共识。但是在过程视角下，学术界和行业普遍认为数字成熟度模型为衡量企业数字化转型的过程质量和结果提供了一套有效标准。VanBoskirk 等（2017）认为不同行业的数字成熟度模型有所差异，但应该有一个一般性框架可供各行业参考，因此提供了一个可根据行业进行调整的数字成熟度模型，包含技术、组织、文化和能力四个维度的 27 个题项。其中，技术体现了企业对新兴技术的研发与应用水平；组织体现的是企业执行和支持数字策略以提升企业绩效的能力；文化指企业是否具有驱动数字创新以及促使员工接受数字化并获得数字技术能力的战略愿景；能力指处理数字化转型所需的能力和思维，包括数字能力、培训文化和学习文化等。Zouari 等（2020）构建了工业 4.0 时代的数字成熟度模型，其中包含数字管理、连接性、价值创造和数字能力四个维度。数字管理即组织化水平，包括战略和计划、组织结构、项目管理、资源分配、数字意识、不同级别的参与等；连接性即组织内部和外部数据传输能力，能够生成、处理和利用数字技术和数字工具实现组织内部和外部环境的数据共享和数据传输；价值创造即利用数据和信息获取价值；数字能力即处理数字化转型过程所需的思维和能力。Isaev 等（2018）构建了主要面向 IT 行业的数字成熟度模型，包含战略、组织、与用户的关系、合作伙伴等共八个维度并开发了测量量表。随着研究的深入，学者们将数字成熟度模型延伸到建筑行业背景下。例如，欧阳优（2021）、李芮（2020）基于已有研究，将数字成熟度模型用于建筑行业数字化转型水平的测量，丰富了数字成熟度模型在建筑行业数字化转型效果评价领域的应用实践。

根据建筑企业数字化转型的定义，数字技术和数字能力是建筑企业数字化转型过程的重要驱动力，组织文化和价值创造是数字化转型的目标。因此，依据 VanBoskirk（2017）和 Zouari（2020）对数字成熟度的维度划分方式，同时考虑两者维度划分的重叠之处，本书用数字文化、数字技术、数字能力和价值创造四个维度衡量建筑企业数字化转型绩效。其中，数字技术和数字能力两个维度用以测度数字化转型的过程质量，数字文化和价值创造用以测度数字化目标的实现程度。

2.2　高阶理论

高阶理论（也称高阶梯队理论）是战略管理研究领域的经典理论之一。该理论的主要论点是高层管理者根据自身的认知基础、价值观念和个性特征等对所面临的战略情境进行个性化的诠释和选择。高阶理论认为管理者不仅决定了组织战略的决策，也影响着组织内其他成员的行为，进而影响组织结果，也就是说，企业战略及其实施效果其实是管理者价值观念和行为的映像。高阶理论强调管理者是作出有限理性战略决策的主体，如果要更深刻地剖析企业作出了何种战略选择以及为什么做出这种选择，就必须考虑管理者的偏好和倾向。因此，高层管理者的个性特征在很大程度上可以有效预测组织的战略行动和组织绩效。根据有限理性的假设，企业的战略决策取决于管理者对于内外部环境和信息的诠释和解读。在这个过程中，心理构念能够很好地反映管理者的认知和行为，但由于心理特征指标的数据不能被观测，因此学者们常常将年龄、教育经历等人口统计学变量作为心理特征指标的代理变量。

随着高阶理论的不断应用和相关研究成果的不断丰富，高阶理论本身也备受质疑。首先，有学者指出依靠人口统计特征代替心理构念在解释战略行为和组织绩效方面并不具备有效的说服力；其次，高阶理论本身强调的管理者与动态环境的互动也无法得到充分的诠释，在解释管理者对情境的理解方面存在“黑箱”问题。尽管如此，依然有一部分学者着力探索这个“黑箱”内部，Finkelstein 和 Hambrick（1997）首次将高阶理论融入战略领导力的相关研究中。自此，高阶理论开始了一个新发展方向，开始被广泛应用于领导风格与组织绩效或组织变革效果的关系研究。例如，Chen 等（2019）基于高阶理论验证了在权变情境下变革领导力与企业绩效的关系。上述研究支持了高阶理论在本书中的应用。

综上所述，高阶理论将领导力视为企业发展的基础，为理解建筑企业变革领导力对数字化转型绩效的影响提供了一种有前途的方法。本书在高阶理论新发展方向的基础上，将变革领导力视为转型绩效的资源基础（自变量），试图探讨建筑企业变革领导力与数字化转型绩效之间的关系，并进一步挖掘两者之间的作用机制和边界条件。

2.3　动态能力理论

动态能力理论是对自然资源基础理论的边界延伸，解决了使用自然资源基础理论解释企业获得持续竞争优势时的静态局限性。动态能力的概念首先由 Teece 等（1997）提出，被定义为企业整合、建立和重新配置内外部资源以适应快速变化的外部环境的能力。这一概念强调了动态能力与组织过程之间的联系，并认为动态能力嵌入组织的经营管理流程（Process）中，受到企业所拥有的资源位势（Position）的影响，沿着自我选择的路径（Path）进行不断强化和演化。企业获取竞争优势的资源是静态的，但是由于企业的成长发展和外部环境的变化，静态的资源和核心能力反而会因为过度的路径依赖难以匹配市场的新需求和新变动，从而制约企业的发展。动态能力理论进一步诠释了大数据时代市场环境的剧烈变动给企业战略管理带来的新启示，认为依赖路径决定企业未来战略和能力的发展方向是一种限制，企业需要根据环境变化循环推翻传统的路径依赖并重新建立新的路径依赖，通过与环境变化之间的关联打破静态资源的局限性，在复杂多变的市场环境中维持竞争优势，这也是动态能力的产生源泉。由此构建了动态能力的"3P"分析框架，具体见图 2－1。

从这一逻辑分析框架中可知，动态能力理论的分析对象不仅局限于企业的资源，还包括企业捕获、配置和利用资源的能力及路径。在路径依赖的约束下，企业必须依靠内部组织因素和外部环境因素的驱动，促使企业产生能力和战略更新意识，从而形成动态能力并维持竞争优势，这是动态能力形成的动力机制。随着数字经济时代的蓬勃发展和建筑 4.0 时代的到来，业主对建筑产品的需求也朝着多样化、智能化和个性化发展，这是促使建筑企

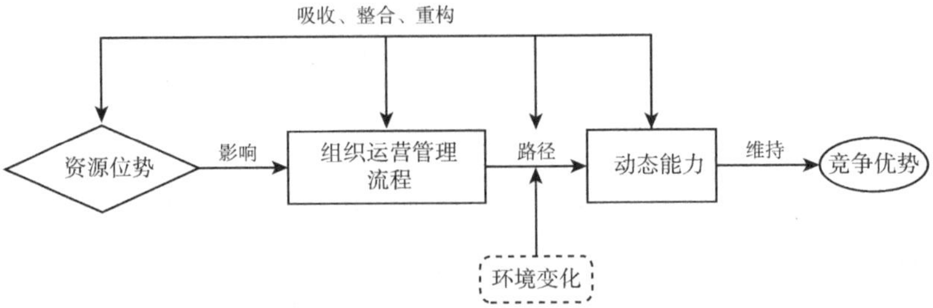

图 2－1　动态能力“3P”分析框架

业更新自身能力的关键因素。在这种情况下，加之“打造中国建造”的倡议和智能建造相关政策的大力推进，建筑企业在国内外市场都面临着严峻的竞争。除此之外，建筑企业工程项目具有很强的地域属性，项目所在地的经济和技术发展水平、政策导向等都影响着建筑企业的生产经营活动，如果不能敏锐地感知环境变化，就不能先于竞争对手抓住机会，面临被竞争对手超越乃至被市场淘汰的风险。综上所述，业主需求、市场竞争格局、政策导向、经济和技术发展水平等宏观环境因素是诱导建筑企业形成动态能力的外部环境因素。动态能力的形成不仅仅需要外部环境因素的诱导，在日益激烈的市场竞争中，宏观环境因素的变化只是为企业求变提供了可能性，最终发挥决定性作用的依然是内部组织因素，即资源基础。建筑企业领导者所具备的数字领导力、长远的目光和勇于冒险的精神，是领导者从动荡的数字化环境中准确识别机会的基础，是动态能力形成的先决条件。其次，对于企业员工积极性和创造性的激励，能够使员工接纳企业的转型愿景，对于企业群策群力应对环境变化也是一股强大的推动力。因此，变革领导力是诱导企业形成动态能力的内部资源基础。

随着研究的深入，学者们逐渐意识到学习机制在企业通过动态能力维持竞争优势的过程中发挥着关键作用。通过个人层面、项目层面、企业层面的学习，与外界社会环境互动以实现经验的积累和知识的更新，进而形成的新的知识体系、资源配置结构和运营流程，这是动态能力演化的重要催化剂。Schreyögg 和 Kliesch（2005）进一步提出了动态能力的自组织系统模型，强调企业通过随时监测和修改运营能力的内部自组织整合过程确保企业的运营管理与外部环境变化的适应性与匹配度。在日益激烈、动荡的市场环境中，匹配是在转型战略实施过程中及时对环境的变化主动适应和利用，由于强调对市场机会的迅速感知、对资源配置和运营流程的及时调整，敏捷的组织就成为匹配机制的关键。

综上所述，动态能力理论解释了企业在不同环境条件下通过资源和能力形成竞争优势的手段，为深入挖掘建筑企业变革领导力对数字化转型绩效的内在影响机理提供了一个极具解释力的理论依据，主要从以下几个方面为本书提供理论支撑。

首先，数字化转型是企业长足发展的必经之路，数字化转型绩效则是企业竞争优势的直接体现。据此，本书依据动态能力理论的"3P"分析框架，构建"资源基础—动态能力—数字化转型绩效"的逻辑分析框架。其次，动态能力的动力机制指出，组织内部资源基础在动态能力形成过程中发挥了决定性作用，具有变革领导力的领导者作为企业重要的人力资源，能够精准识别数字化商机，持续整合、重构企业现有的数字资源并吸收新的数字资源，是动态能力形成的内部资源基础。基于此，本书建立了变革领导力与动态能力之间的关联。最后，在复杂动荡的竞争环境中，建筑企业通过战略和能力更新过程维持竞争优势主要受到动力机制、学习机制和匹配机制的共同作用，而这三大机制与一阶动态能力——组织敏捷性的内涵也具备逻辑上的对应性。其中，动力机制对应环境感知能力，通过灵敏捕获环境变化帮助企业识别机会和挑战，从而产生战略和能力更新意识；学习机制和匹配机制对应响应能力，通过不断创造和学习新的知识为资源的整合配置和运营战略的调整提供支持，以实现对环境变化的响应。对此，本书试图构建以组织敏捷性为中介变量的作用机制模型。

2.4 权变理论

权变理论是20世纪70年代兴起的一种研究组织行为的理论。权变理论是对Tosi和Slocum（1984）提出的“组织和管理存在一种最佳方式”这一经典理论的否定，认为没有一种固定的管理方法适用于所有组织和所有情况，每个组织都需要结合自身的发展情况和所处的外界环境的特点，动态调整组织结构。这表明适宜的组织结构和领导风格取决于权变因素。权变理论重点关注企业与其外部环境之间的契合度，企业的发展战略必须与环境高度契合才能产生更高的绩效。Mayegle和Nguidjol（2017）指出，组织绩效取决于外界环境、组织结构与组织流程的匹配程度，企业应该依据自身特点与外界环境的匹配不断调整其战略定位。而动态能力理论的特质就是依赖于外界动态环境，权变理论恰好能够为进一步扩充动态能力的匹配机制研究提供理论支撑。

此外，对于变量之间的关系研究，权变观点也认为单纯探讨变量之间的线性关系是片面的，在自变量与因变量的作用关系中可能存在第三方变量影响其关系强度或方向。在数字化转型情境下，建筑企业能否根据内部资源条件和外界环境的变化及时进行特质性调整，使其能够适应外界环境复杂动荡的形势是转型成功的关键。已有研究指出，在数字化情境下运营的组织正面临着快速的结构变化和高环境动荡性，环境动态性成为组织面临的一个重要权变因素。基于此，本书引入环境动态性这一调节变量。

综上所述，权变理论为研究企业资源配置和战略调整与外部环境变化匹配的变革过程提供了理论基础。变革领导力与一阶动态能力组织敏捷性对环境均具有敏感性和适应性，既能够帮助企业在数字经济时代及时捕获数字机遇，也能够助力企业进行资源整合和运营模式调整，是企业匹配外部环境的高阶能力。由此，本书在分析建筑企业变革领导力对数字化转型绩效影响的过程中，根据权变理论的思想，分析环境动态性在其中起到的作用，构建环境动态性条件下变革领导力通过组织敏捷性对建筑企业数字化转型绩效产生影响的分析模型。

2.5　理论分析框架

动态能力理论、高阶理论和权变理论的结合可以为解释战略管理领域的核心问题奠定基础，也为解决本书提出的研究问题提供了重要的理论支撑。结合本书的研究问题，以下分别从关系理路、传导机制和边界条件三个部分分析建筑企业变革领导力对数字化转型绩效的影响机制，理论分析框架具体见图 2－2。

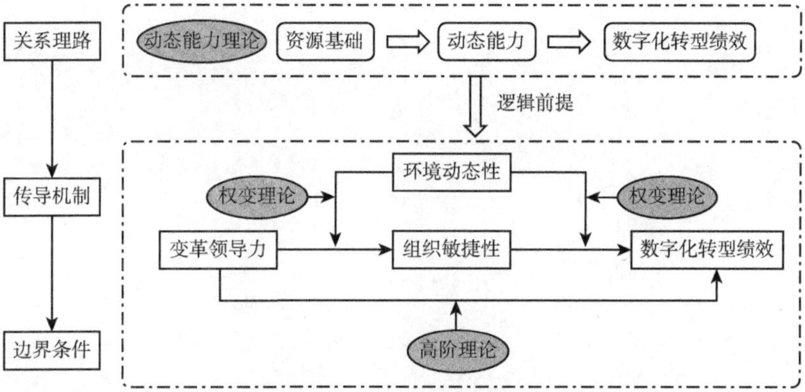

图 2－2　理论分析框架

基于动态能力理论的分析，本书提出了“资源基础—动态能力—数字化转型绩效”的逻辑分析框架，以此系统分析建筑企业变革领导力对数字化转型绩效的作用机理。由于高阶理论解释了领导者的领导风格为什么会影响企业或项目绩效，据此将变革领导力视为建筑企业的内部资源基础，探讨其对数字化转型绩效的影响，将解决“变革领导力是否会影响建筑企业数字化转型绩效”的问题；动态能力是内部资源基础影响数字化转型绩效的传导机制，而组织敏捷性直观地体现了动态能力的核心内容，是变革领导力作用于数字化转型绩效具体机制的体现，将回答“内在机制是什么”的问题；权变理论聚焦于企业资源配置和战略调整与外界环境的匹配，据此引入权变因素环境动态性对动态能力理论的匹配机制进行解释，将回答“边界条件是什么”的问题。从整体上来看，三个理论整合将回答“提升建筑企业数字化转型绩效的组态路径有哪些”的问题。

第3章 研究假设与理论模型

3.1 研究假设

3.1.1 建筑企业变革领导力与数字化转型绩效

高阶理论认为管理者的领导行为是影响企业战略制定、决策和组织绩效的关键因素，其打破了传统领导力理论仅从微观层面关注领导与员工之间关系的研究桎梏，而是上升到宏观层面关注领导力对整个组织的影响。在该理论基础上，领导风格可以作为组织绩效的一个重要前置变量。现如今，我国建设行业的数字化技术和能力建设仍处于起步阶段，传统建筑企业的数字化转型面临着各种未知和不确定性的挑战，而变革领导力能够促进其创新能力的形成与发展，这是数字化转型的基础，具备变革领导力的组织能够主动实施开创性和探索性的变革以推动数字化转型进程。

变革领导力四个维度的积极领导行为均会推动数字化转型进程，进而产生较高水平的转型绩效。建筑企业高层领导正向的德行垂范，代表领导者拥有高尚的道德品质和较强的感染力，当数字化转型过程中遭遇风险和挑战时，领导能够不计较个人得失，以大局为重，勇于冒险并承担风险和损失。通过领导的榜样力量影响和感染员工，提升员工对领导的信赖和忠诚度，减少数字化转型过程中知识和信息分享的阻碍，有利于企业顺利开展数字化转型战略。建筑企业具有人力资源构成复杂的特点，组织成员的人口特征、教育背景、价值观念等会导致其对数字化转型的认知和能力障碍。而数字领导者推动数字化转型的能力和行动基于愿景，领导者制定数字化愿景并向员工表达，使整个组织共享强大而又清晰的愿景，能够削弱组织成员对数字化战略的认知和能力差异，实现组织的数字化发展。Afsar 等（2017）指出，在数字化转型过程中具有前瞻性思维的领导者能够积极主动地拥抱数字技术，通过为组织和团队描绘愿景并激励下属为这一愿景共同努力，使领导者个人的态度转化为下属的态度和行为，进一步弱化数字化转型活动带来的不确定性以加快数字化转型进程。Zulu 和 Khosrowshahi（2021）在探讨英国建筑行业数字化转型的领导力方法的研究中发现，建筑行业的数字化转型过程中领导者的前瞻性思维、支持性行为以及能力通过适当的方式影响着组织数字化转型的成功，这些反应分别体现出变革领导力的愿景激励、个性化关怀和领导魅力。支持性的领导行为对于团队的绩效至关重要，通过与员工的沟通互动，了解并满足下属的偏好和需求、发展员工的积极态度、增强与员工之间的情感关系。在中国本土管理环境下，与西方的管理者相比，中国企业的管理者不仅关注员工个人的工作和发展，也同样关注员工的生活和家庭方面，进而提高员工在数字化转型任务中的工作绩效，这些反应表现出领导的个性化关怀行为；拥有远见和能力的领导者具有明显的领导魅力，能够对数字化转型工作做出明显的努力，具有数字化转型的重要性和紧迫性思维，相应的业务水平较高，这使得企业的数字化转型具有可见的方向。

基于上述分析，本书提出如下假设：

H1：变革领导力对建筑企业数字化转型绩效具有正向影响作用。

H1a：德行垂范对建筑企业数字化转型绩效具有正向影响作用。

H1b：愿景激励对建筑企业数字化转型绩效具有正向影响作用。

H1c：个性化关怀对建筑企业数字化转型绩效具有正向影响作用。

H1d：领导魅力对建筑企业数字化转型绩效具有正向影响作用。

3.1.2 建筑企业变革领导力与组织敏捷性

组织敏捷性是现如今竞争激烈的数字化时代中每个企业都需要的重要特征，但实现组织敏捷性也是企业面临的一个重大挑战。Walter（2021）的一项研究结果显示，实现组织敏捷性涉及文化变革、缺乏领导力和愿景及其实施计划不明确三个主要障碍，每个障碍都是管理或领导不足的一部分，领导风格更是实现组织敏捷性的主要障碍。敏捷的组织需要具备五种敏捷的人文属性，即打造共同目标、嵌入核心价值观、丰富工作能力、促进个人成长以及提供相应的回报，这些都与变革领导力有关。Ahammad 等（2020）指出，需要变革领导力与团队建立协作、激励、信任和合作的氛围，刺激团队创新并发挥最大潜力来为组织做好扭转失败战略决策的准备，进而创造组织敏捷性。一方面，变革领导力通过与下属建立适当关系鼓励下属更多地考虑组织需求，保证在复杂和危险的情况下有效运作，进而提高组织敏捷性；另一方面，具有变革领导力的领导者拥有一定的战略眼光、决策能力和创新能力，可以不断调整自己的企业以适应瞬息万变的市场，这也与组织敏捷性密切相关。

变革领导力包括良好的品行、激发员工的创造力以及培养团队合作关系等多项实现数字化转型愿景和目标的能力，有助于构建企业灵活的资源利用能力和灵敏的运营调整能力。在市场利用敏捷性方面，变革型领导者不断提高个人素质和能力，及时掌握外界环境中的技术发展趋势和政策变化情况，能够及时捕获和利用外部信息，并以身作则带动员工为不断变化的环境做好准备。在运营调整敏捷性方面，变革型领导者为组织提供一个清晰的数字化转型愿景，强调其对企业长期发展的意义，为不同职能部门和业务部门之间的合作奠定了基础。通过这些方式，变革型领导者可以创建相应的运营流程、组织文化、组织结构以及解释能力，从而提高企业的运营调整敏捷性。此外，宜人性是变革领导力的一个显著特征，在工作结果与员工想法之间变革型领导倾向于关注员工的想法，削弱员工对战略调整的抵触和消极情绪，减少企业为应对动荡的环境实施战略调整过程中的阻力，同样有助于运营调整敏捷性的提升。

基于上述分析，本书提出如下假设：

H2：变革领导力对建筑企业组织敏捷性具有正向影响作用。

H2a：变革领导力对市场利用组织敏捷性具有正向影响作用。

H2b：变革领导力对运营调整敏捷性具有正向影响作用。

3.1.3　建筑企业组织敏捷性与数字化转型绩效

组织敏捷性本身就是数字化转型过程有效实施的基本推动者，数字化转型的一些障碍大多与缺乏敏捷组织相关。Mihardjo 等（2019）通过一项问卷调查发现组织敏捷性对数字化转型绩效具有直接影响。一方面，在数字经济背景下，转型中的建筑企业处于一个动荡的环境中，一个敏捷的组织既能有效处理日常业务问题，又能成功应对危机情况。随着组织敏捷性的增强，建筑企业倾向于根据外界环境的变化和战略需求调整现有的内部运营流程，并有效整合市场的资源信息以推动企业转型升级。转型过程本身就涉及新资源的组合利用和运营流程的调整，而组织敏捷性可以通过消除资源的限制、促进新的内部运营流程的产生来促进企业的转型。同时组织敏捷性有利于在技术和管理方面的创新活动，使企业能够创新产品和服务以适应市场需求。另一方面，建筑行业的研究人员强调了在不断变化的商业研究中获得组织敏捷性的重要性，并指出组织敏捷性使公司能够在短时间内捕获变化，整合、开发并重组资源以更快地应对数字化转型带来的商业环境的动荡和不确定性，从而提高企业转型成功的可能性。已有研究指出，企业对外界市场环境的快速响应、对企业战略计划和内外部资源的调整能力，对于制造企业的智能化转型具有积极的驱动作用。

基于上述分析，本书提出如下假设：

H3：组织敏捷性对建筑企业数字化转型绩效具有正向影响作用。

H3a：市场利用敏捷性对建筑企业数字化转型绩效具有正向影响作用。

H3b：运营调整敏捷性对建筑企业数字化转型绩效具有正向影响作用。

3.1.4 组织敏捷性的中介作用

在日新月异的数字环境中，组织敏捷性对企业的转型升级和可持续发展具有重要价值。动态能力理论为理解组织敏捷性在将变革领导力与企业数字化转型绩效联系起来的中介作用方面提供了一个总体框架。具备变革领导力的领导可以运用相应的领导行为打造有利于企业数字化转型的资源基础和环境条件，在这一过程中需要一定的动态能力来捕获市场机会并挖掘和整合资源，很明显，组织敏捷性刚好可以充当这种动态能力。一个敏捷的组织由敏捷的团队构成，变革领导力可以与下属发展适宜的关系，并鼓励下属超越个人需求去思考，从而提高组织的灵活性。有效的领导力可以鼓励建筑企业项目团队的创造力并培养其创新思维促进组织敏捷性的提高，进而帮助建筑企业在动荡环境中获得可持续发展能力和竞争优势。基于此，本书认为变革领导力能够提高建筑企业的数字化转型绩效，而这种关系能够通过提高组织敏捷性进行解释。

市场利用敏捷性是一种外部敏捷性，强调对信息的收集以及动态环境变化的警惕性。具备变革领导力的领导者能够积极主动地拥抱变化，能够更容易、更及时地感知机遇与威胁，通过传达并公开讨论数字技术战略的清晰愿景，高效、快速地就如何做出最佳响应达成共识，及时提供一个数字技术解决方案，进而加快数字化变革过程。而运营调整敏捷性是一种内部敏捷性，突出体现在感知到变化后利用捕获到的机会快速调整内部业务流程和组织结构。王永伟等（2021）发现，具有变革型领导行为的 CEO 更乐于接受和支持新的商业模式，其鼓励探索、容许失败的独特风格有利于在组织内部营造积极创新的氛围，通过其领导魅力和号召力，促进数字商业模式的形成、落地直至执行，确保顺利完成数字化转型。而商业模式创新过程也正是企业运营调整的复杂过程。

在数字经济时代，无论是前者侧重领导者的思维模式，还是后者侧重快速执行和实施的能力，两种敏捷性都在变革领导力影响数字化转型绩效的过程中发挥了至关重要的作用。由此可知，变革领导力能够帮助建筑企业创造组织敏捷性，且这种敏捷性能够直接导致更好的数字化转型绩效，提升建筑企业的数字化水平。

基于上述分析，本书提出如下假设：

H4：组织敏捷性在变革领导力与数字化转型绩效之间起中介作用。

H4a：市场利用敏捷性在变革领导力与数字化转型绩效之间起中介作用。

H4b：运营调整敏捷性在变革领导力与数字化转型绩效之间起中介作用。

3.1.5　环境动态性的调节作用

从动态能力理论的内容和形成过程阐述中不难看出，动态能力在本质上与环境动态性有着密切联系。此外，权变理论也指出，环境动态性是战略管理研究的重要权变因素。数字技术的兴起，导致建筑企业面临着严峻的挑战，但如果能够根据数字技术引发的环境变化迅速调整并与之相匹配，挑战与威胁也可能转变为企业获取竞争优势的契机。在相对稳定的环境下，企业面临的突发性问题较少，企业可以按照惯例和传统流程解决问题，对灵活配置资源和快速调整运营流程的能力需求较小，因此变革领导力对组织敏捷性的推动力有限；但在高环境动态性下，环境变化导致企业原有的能力价值潜力遭到冲击与破坏，这要求企业具备一定的动态能力迅速捕获变化并及时作出运营调整，这将进一步刺激领导者积极主动地提升企业的组织敏捷性来应对环境变化。因此，企业在高度动荡的环境中，会更多地通过变革领导力提升组织敏捷性，进而推动企业的数字化转型过程。

以往研究已经证实了商业环境的动荡在组织敏捷性与企业绩效之间起到了积极调节作用，组织敏捷性在更不稳定的环境中会对企业绩效产生更大的影响。当技术结构升级较慢、顾客和市场需求相对稳定、政策更新和政府要求变化不频繁时，建筑企业只要致力于满足当前外部环境的需求，充分利用现有资源，进一步深化落实传统的商业模式和业务流程，就能实现稳定发展。如果过度追求组织敏捷性反而会引起运营成本的增加。因此，在低动态环境下，建筑企业并不需要较高的感知和应对外界环境变化的能力，组织敏捷性对数字化转型绩效的作用并不明显。而当建筑企业处于高动态环境中时，企业面临着较大的竞争压力和生存挑战，行业现有的产品和服务模式难以满足市场需求，倒逼企业灵敏快速地感知市场变化并对变化作出反应，针对所处的危机情境深化反馈学习，据此重新制定数字化战略并重塑业务流程从而推动建筑企业向数字化转型。

基于上述分析，本书提出如下假设：

H5：环境动态性正向调节建筑企业变革领导力对组织敏捷性的影响。即环境动态性越高，变革领导力对组织敏捷性的正向影响作用越强。

H6：环境动态性正向调节建筑企业组织敏捷性对数字化转型绩效的影响。即环境动态性越高，组织敏捷性对数字化转型绩效的正向影响作用越强。

3.2　理论模型

在整理国内外与研究主题相关的研究资料的基础上，对变革领导力、组织敏捷性、环境动态性和数字化转型绩效及其维度之间的关系进行归纳推理，提出相应的研究假设，进而构建了变革领导力对建筑企业数字化转型绩效影响的概念模型，具体见图 3－1。

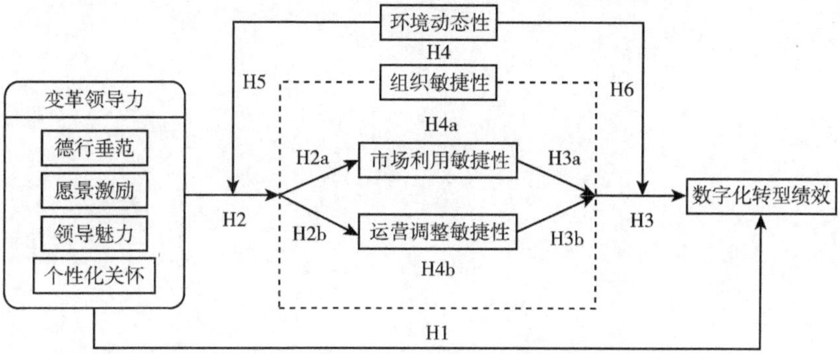

图 3－1　理论模型

变革领导力对建筑企业数字化转型绩效的影响研究
Chapter 4

第4章 变革领导力对建筑企业数字化转型绩效的影响机制分析

4.1 问卷设计

4.1.1 设计原则

问卷调查法作为一种科学的数据获取工具和研究范式，问卷的质量和普适性是保障研究结果有效性和可靠性的关键。因此，问卷的设计需要遵循一定的原则，具体包括以下内容。

（1）目的明确，针对性强。问卷设计的题项要紧密围绕调研目的，题项要尽可能多地包含与研究主题高度相关的信息。同时要充分了解调查群体的特质，如文化背景和价值观念等，使题项的表述尽可能地具体、准确、有针对性。

（2）逻辑合理，客观性强。在设计问卷时，要充分考虑问卷题项的编排顺序以及问题间的逻辑联系以符合受访者的逻辑思维。同时，问题的表述应尽量保持中立，避免带有研究者主观倾向和诱导暗示的成分，保证研究数据的客观性和可靠性。

（3）通俗易懂，亲切性强。问卷提出的问题首先应尽量使用简单的语句，避免使用语义模糊或晦涩难懂的词语或概念，使应答者能够充分理解题项。其次，问卷中所包含的问题要避免被访者的隐私或其他禁忌问题，充分考虑被访者的顾虑和紧张情绪，使被访者愿意作答，有效作答。

在实际操作过程中，问卷调查借助于由一系列具体问题及其相应的备选答案构成的测量量表使某一抽象概念可操作化，进而获取与研究相关的信息和数据。研究者可以根据研究所处的具体情境及研究所涉及的构念量表的发展情况，在继承已有成熟量表和自行设计新量表之间作出合理的决策。本书基于对已有文献的梳理，选择沿用已有成熟量表。量表的选择遵循以下标准：（1）选择在国内外权威期刊中公开发表过并被证实具有良好信效度的量表；（2）优先选择研究对象是建筑企业或应用于建筑行业研究的量表；（3）为避免中西方文化背景和价值观念的差异，尽量选择中国本土化研究中使用的量表。

4.1.2　设计流程

进一步落实上述问卷设计原则和量表筛选标准，在归纳和总结既有文献的基础上，对所构建的理论模型中涉及构念的量表进行筛选，组织专家论证形成问卷初稿，再通过小样本测试对其进行优化完善形成最终问卷。具体设计流程如下。

（1）量表筛选。针对理论模型中涉及的构念，系统收集国内外相关文献中已开发且广泛使用的成熟量表，综合考虑本书对变量概念的界定、量表与研究主题的匹配度以及前面所述的量表选择标准，进一步对量表进行筛选。对来源于英文文献的量表通过“翻译—回译”过程进行语言修正，确定初始量表。

（2）组织专家论证。由于初始量表是在通用理论层面上设计的普适性题项，部分量表的题项缺乏对建筑行业特殊性的考虑以及数字化转型背景的情境化表述，同时经过翻译的题项表述是否符合中国语境习惯也有待考证。因此，为了增强量表在本书中的适用性、确保中英文翻译的等效性，组织具有中英双语能力的建筑领域专家小组对题项措辞、逻辑结构及翻译质量进行讨论，根据专家反馈意见对题项中的专业词汇或语句反复修订形成问卷初稿。

（3）小范围预调研。为了确保基于大样本的正式调研过程的可行性，保证问卷适用于本书，在开展正式调研之前针对小范围的建筑业企业进行预调查，分析初始问卷的信效度，并结合分析结果进一步修正题项，进而得到最终问卷。预调研采取方便抽样的方法，主要选取3家建筑企业的工程项目参与人员、高校工程管理专业在职研究生为调研对象。受疫情限制，预调研以线上调研为主，线下发放纸质版问卷为辅。共发放问卷94份，回收有效问卷79份。国内学者吴明隆（2000）认为预调研的有效问卷数量应控制在题项数最多的量表所含题项的3~5倍为宜。在本书所涉及的四个构念量表中，变革领导力量表所含题项数最多，共25题，预调研有效问卷的数量应在75~125份。因此预调研收集的样本量符合标准要求。

采用客观检验法检验问卷质量并加以修正以确保问卷的信效度和可操作性，经检验，初始问卷量表均具有良好的信效度，不需要剔除题项，据此得到正式调研问卷。正式问卷主要包含两部分：第一部分是调研对象的背景信息，包括性别、年龄等共9个题项；第二部分是由变革领导力量表、组织敏捷性量表、环境动态性量表和建筑企业数字化转型绩效量表组成的问卷主体部分，共计56个题项。在调研问卷中，根据李克特发明的五点尺度法设置问卷题项的打分规则，其中“1”表示完全不同意，“2”代表不同意，“3”代表一般，“4”代表同意，“5”则表示完全同意，受访者需要根据企业实际情况勾选合适的选项，表示对各题项描述内容的认可程度。

4.1.3 变量测量

（1）变革领导力（TL）测量。

本书对变革领导力的测量借鉴并改编自已有的成熟量表。李超平和时勘（2005）设计的变革型领导TLQ量表对于中国情境下的研究有着重要的参考价值，且信效度均得到了验证。本书在国内建筑企业间进行调研，因此主要借鉴该量表展开本土化研究。同时结合本书对于变革领导力的定义，参考Zeike等（2019）、

Alnuaimi 等（2022）、Claassen 等（2021）学者编制的数字领导力单维度量表，将数字冠军的数字素养、以客户为中心等特质融入领导魅力维度。结合专家的反馈意见，对量表题项的内容进行微调，使其更符合建筑企业数字化转型的情境。量表包含德行垂范、愿景激励、个性化关怀和领导魅力四个维度共 25 个题项，具体测量题项见表 4－1。

表 4－1　　　变革领导力测量量表

维度	编号	测量题项
德行垂范（VM）	VM1	领导廉洁奉公，不牟取私利
	VM2	领导吃苦在前，享受在后
	VM3	领导不计较个人得失，尽心尽力工作
	VM4	领导把个人利益放在集体和他人利益之后
愿景激励（VI）	VI1	领导能让员工了解组织的发展前景
	VI2	领导能让员工了解组织的经营理念和数字化转型的目标
	VI3	领导会向员工解释完成数字化转型工作任务的长远意义
	VI4	领导常常激励我们为实现组织的数字化转型目标而共同努力
	VI5	领导向员工提供了清晰的数字化转型愿景
个性化关怀（IC）	IC1	领导会根据员工的实际情况与其打交道
	IC2	领导者会在考虑所有成员的数字化转型信念之后采取相关行动
	IC3	领导愿意帮助员工解决数字化工作或家庭生活方面的难题
	IC4	领导能经常与员工沟通交流，以了解员工的工作、生活和家庭情况
	IC5	领导关心员工的生活、工作和发展，真诚地为员工个人发展提建议
	IC6	领导注重创造条件以支持员工使用数字程序或数字工作方法

续表

维度	编号	测量题项
领导魅力（CL）	CL1	领导有创新施工工艺和运营模式的能力
	CL2	领导者了解最新的数字技术及其特性
	CL3	领导能够适应数字化转型引发的工作流程的变化
	CL4	领导能够考虑客户对数字流程的期望和愿望
	CL5	领导具有较强的创新意识和冒险精神，允许试错和创新
	CL6	领导能够意识到企业数字化变化的潜力和紧迫性
	CL7	领导者对数字化转型所需的结构和流程有清晰的认识
	CL8	领导很热爱自己的工作，具有较强的事业心和进取心
	CL9	领导对工作非常投入，并对数字化转型保持高度的热情
	CL10	领导能不断学习数字化技术，提高数字化认知

（2）组织敏捷性（OA）测量。

组织敏捷性作为一种动态能力，是企业在动荡的环境中获取竞争优势的新型解决方案，具体的应对措施既包含以内部运营流程为核心的方面，又涵盖以外部市场需求为导向的方面。据此，本书对于组织敏捷性的测量使用经典量表，即 Lu 和 Ramamurthy（2011）编制的组织敏捷性量表，包含市场利用敏捷性和运营调整敏捷性两个维度，共 6 个题项，每个维度各包含 3 个题项。该量表已经过国内学者王鹏程等（2021）的本土化翻译、修正与验证，并在数字化转型的相关研究和中国本土化研究中广泛使用。具体测量题项见表 4－2。

表 4－2　　组织敏捷性测量量表

维度	编号	测量题项
市场利用敏捷性（MC）	MC1	本企业可以迅速地制定合适的决策并执行以应对市场、政府和客户的变化
	MC2	本企业能够不断地探寻重新改造或设计组织的方法从而更好地服务于市场
	MC3	本企业能够将数字化转型引起的市场变化视为获利的机会并迅速加以利用

续表

维度	编号	测量题项
运营调整敏捷性（OAA）	OAA1	本企业可以快速响应客户和政府的个性化需求，并且客户和政府对企业的这项能力也很有信心
	OAA2	面对市场需求的变化，我们企业可以快速调整生产、工艺和服务
	OAA3	本企业可以迅速联系上替代供应商并作出内部调整以应对数字化转型过程中供应中断的问题

（3）环境动态性（ED）测量。

在数字化转型的背景下，建筑企业正处于一个不断变化的且难以预测的环境中，变化具体体现在技术和市场两方面。技术的快速变化带来技术动态性，强调建筑行业技术的更新迭代速度；客户需求与偏好的变化、政策与法规的更新以及竞争对手的行为变化带来市场动态性，侧重客户对建筑产品和服务的需求偏好的变化、建筑业信息化发展等相关政策法规的调整以及竞争者对数字化战略采取的行动。结合研究主题和中国建筑企业外部环境的特点，本书最终借鉴了 Jaworski 和 Kohli（1993）、Jansen 等（2006）学者的权威量表对环境动态性进行测量，共 5 个题项，该量表已经过国内学者陈国权和王晓辉（2012）的本土化翻译、修正与验证。结合专家的反馈意见，对题项内容和措辞进行修正，使题项描述适用于建筑企业数字化转型的情境，具体测量题项见表 4－3。

表 4－3　　　　环境动态性测量量表

维度	编号	测量题项
环境动态性（ED）	ED1	建筑行业的数字技术发展及其推广应用速度很快
	ED2	建筑行业发展变化迅速
	ED3	建筑行业市场中的顾客对产品和服务的需求偏好变化快
	ED4	建筑行业的政策法规调整频繁
	ED5	本企业竞争对手的行为变化快

（4）数字化转型绩效（DP）测量。

在进行建筑企业数字化转型绩效的衡量时，本书主要借鉴了Zouari等（2020）、VanBoskirk等（2017）的数字成熟度模型，考虑两者维度划分的重叠之处，从数字文化、数字技术、数字能力和价值创造四个维度进行测量。以Isaev等（2018）的量表为主要参考对象，结合建筑企业数字化转型的目标和专家的反馈意见对题项内容进行修订，设计包含四个维度共20个题项的建筑企业数字化转型绩效测量量表，具体测量题项见表4－4。

表4－4　建筑企业数字化转型绩效测量量表

维度	编号	测量题项
数字文化（DC）	DC1	本企业领导层具有数字愿景，并在企业内部和外部清晰地传达
	DC2	本企业领导层支持数字战略并在日常工作中执行
	DC3	本企业制定了与数字化转型相关的企业战略
	DC4	本企业对数字技术应用和管理的相关人才及其教育培训的投入充足，积极引导员工适应数字化转型
	DC5	本企业员工很支持公司进行数字化转型的决策，并会积极履行数字化转型的相关任务
	DC6	本公司鼓励跨职能团队协作的工作方式
数字技术（DT）	DT1	本企业能够利用计算机辅助技术（如CAD、CAE、CAM、CAPP等）、虚拟现实等数字技术实施项目的可视化管理
	DT2	在建设项目实施过程中使用自动化较高的生产设备或数字化建造平台
	DT3	本企业善于利用数字化采购平台、供应商协作平台等实现原材料采购
	DT4	本企业解决了由数字技术驱动的多个应用软件的兼容性问题
	DT5	本企业具备数字技术研发的专业人才或团队

续表

维度	编号	测量题项
数字能力（DCP）	DCP1	本企业能够将数字化转型过程中的经验教训反馈到数字战略中
	DCP2	本企业能够利用合作伙伴的数字化技术推动本公司的数字化转型
	DCP3	本企业能够利用客户的反馈信息推动数字化设计和开发
	DCP4	本企业拥有适当的资源用于数字化转型战略、治理和执行
	DCP5	本企业能够承担数字化转型过程中的可预测的风险
价值创造（VC）	VC1	本企业利用数字技术实现了建筑全寿命周期的资源整合，提高了资源利用率
	VC2	本企业利用数字技术或平台实现了与外部合作伙伴的密切联系
	VC3	本企业建立了企业或项目层面的创新活动流程
	VC4	本企业利用数字技术收集客户个性化数据，为客户提供数字化服务，满足了客户的需求，提高了客户满意度

（5）控制变量的选取。

控制变量是在自变量之外可能会对解释变量产生干扰的因素。一般而言，研究者无法清晰地确定某种因素是否会对研究结果产生影响，便会考虑对这一因素加以控制。多项研究指出，具有不同基本特征的建筑企业在实施数字化转型方面可能存在差异。首先，不同规模的企业对于推进数字化转型的意愿存在明显差异，一般而言，大型企业比小型企业实施数字化转型的意愿更强。其次，国有企业基于良好的政策优势和资源优势，其数字化转型的赋能效果会更为明显，数字化转型的积极性更高。此外，企业的成立年限影响着企业获取市场信息的能力，进而在一定程度上影响企业的数字化转型进程。因此，为了排除企业的基本特征变量对研究结果的潜在影响，本书参考以往研究成果将企业规模、企业性质和企业成立年限设置为控制变量。

4.2 样本特征描述

4.2.1 数据收集

为保证样本的普适性和代表性，样本的收集范围涵盖了建设单位、勘察单位、设计单位、施工单位、工程监理单位以及咨询单位。此外，本书是在建筑企业数字化转型背景下探究变革领导力、组织敏捷性、环境动态性与转型绩效之间的关系，调研对象必须是对建筑企业的数字化管理方式、数字化工作方式以及数字化目标的实现过程有深刻的了解和体验的群体，同时能够对领导力水平作出客观评价的群体。因此，调研对象主要面向建筑企业的中高层管理者、数字化相关部门的专业技术人员以及项目团队的员工等，这些人员能够对企业数字化战略决策、数字化转型的过程和绩效结果有最直接的体验和感受。

问卷的发放面向全国各个地区的建筑企业，考虑时间、空间等资源的限制，本书采用滚雪球抽样的方法，利用所在科研团队和自身的社会网络关系通过线上与线下两种渠道进行问卷收集。线上主要是借助问卷星工具制作问卷电子链接，通过 QQ、微信等社交软件和电子邮箱向在样本企业工作的朋友和同学发送请求；线下主要是面向工程管理专业教师、在职研究生面对面发放纸质版问卷。在上述调研对象的帮助下将电子问卷发放给其相识的样本企业管理人员和员工，进一步扩散问卷的收集渠道并在问卷星平台进行汇总。为了使不同学历、不同职位的受访者普遍理解相关题项、尽量保证数据的可靠性，在通过线下渠道参与调研的受访者填答问卷之前，对问卷中涉及的专业术语和专有名词进一步作解释说明；而对于线上调研对象，在发送问卷链接的同时也向其发送了解释性的补充说明文件。调研从 2022 年 8 月 23 日开始，到 2022 年 12 月 3 日截止，共收回问卷 432 份，然后依次剔除问卷填写时间短（<1min）、同一 IP 地址重复填写、题项答案出现明显规律的问卷，得到 398 份有效问卷，有效回收率为 92.13%。

4.2.2　基本信息统计分析

采用 SPSS 26.0 软件对收回的样本数据进行个人和企业特征的初步分析，样本基本信息具体见表 4-5。在受访者个人特征层面，男性占 67.8%，女性占 32.2%，符合建筑行业性别比例不均衡且男性居多的现实情况；年龄在 26～55 岁的受访者所占比例高达 89.5%，同时大多数受访者（78.9%）在当前所在企业的工作年限为 6 年以上，工作经验丰富且对企业的基本情况了解程度较高，使得本次调研数据的说服力更强；受访者大多具有本科及本科以上学历，其中本科生占比为 73.4%，硕士研究生占比为 13.6%，博士研究生及以上占比为 1.5%；受访者大多为公司部门员工（36.7%）或项目员工（35.7%），能够客观公正地评价领导者的行为和能力。在样本企业特征层面，成立时间在 30 年及以上（72.9%）、企业规模在 1001 人及以上（58.3%）的大型企业占多数，且以国有企业为主导（70.9%），这些企业更早响应国家数字经济政策，因此具有良好的代表性。

表 4-5　　样本基本信息

基本特征	类别	频率	百分比
性别	男	270	67.8%
	女	128	32.2%

续表

基本特征	类别	频率	百分比
年龄	25 岁及以下	34	8.5%
	26 ~ 35 岁	154	38.7%
	36 ~ 45 岁	162	40.7%
	46 ~ 55 岁	40	10.1%
	56 岁及以上	8	2.0%
受教育程度	高中/中专及以下	12	3.0%
	大专	34	8.5%
	本科	292	73.4%
	硕士研究生	54	13.6%
	博士研究生及以上	6	1.5%
工作年限	5 年及以下	84	21.1%
	6 ~ 10 年	114	28.6%
	11 ~ 15 年	128	32.2%
	16 年及以上	72	18.1%
职务	公司领导团队	30	7.5%
	公司部门经理或副经理	16	4.0%
	公司部门员工	146	36.7%
	项目领导团队	24	6.0%
	项目部门负责人	40	10.1%
	项目员工	142	35.7%
企业成立年限	10 年及以下	16	4.0%
	11 ~ 20 年	28	7.0%
	21 ~ 30 年	64	16.1%
	31 年及以上	290	72.9%
企业性质	国有企业	282	70.9%
	民营企业	90	22.6%
	外资企业	4	1.0%
	其他	22	5.5%
企业规模	100 人及以下	16	4.0%
	101 ~ 500 人	28	7.0%
	501 ~ 1000 人	122	30.7%
	1001 人及以上	232	58.3%

同时，对问卷中的开放式问题进行编码归类并作进一步分析，以了解当前建筑企业的数字化转型在管理层面和实施过程中存在的问题，分析结果具体见图4－1。调查发现，“无法及时感知和灵活应对数字化趋势”（14.63%）、“数字化目标不清晰”（13.66%）、“员工缺乏认知和认同”（12.20%）、“管理层的工作脱离基层员工”（11.22%）、“领导能力不足”（10.73%）等被大多数受访者所提及，是当前建筑企业数字化转型中存在的主要问题。而变革领导力作为一种德行、愿景、魅力和宜人性兼备的柔性领导风格，能够很好地应对上述问题，其可能会在一定程度上推动建筑企业的数字化转型进程，这些也从侧面反映出探究建筑企业变革领导力对数字化转型绩效的影响机制是合理且必要的。

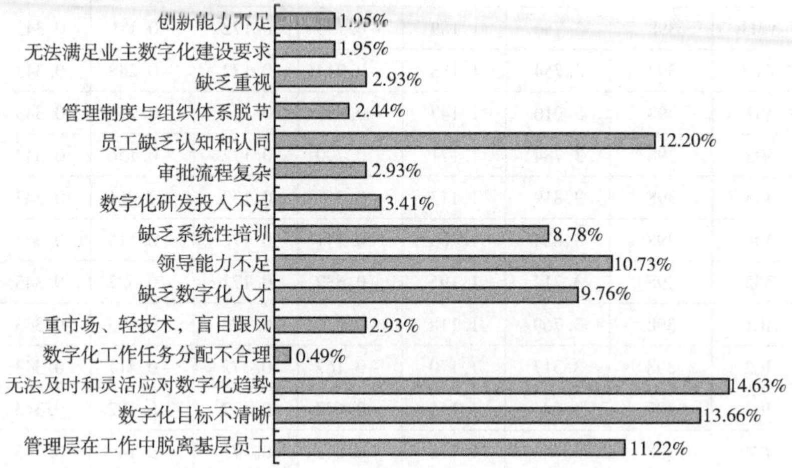

图4－1　建筑企业数字化转型中的问题

4.2.3　观测变量特征分析

进一步对问卷题项的特征进行统计分析，以考察数据的集中趋势、分散程度以及分布状况。使用SPSS 26.0软件分别计算样本数据的偏度、峰度等观测变量的描述性统计量，计算结果具体见表4-6。判断样本是否服从正态分布通常使用偏度和峰度两个指标。Kline（2010）认为偏度的绝对值小于3且峰度的绝对值小于10，样本数据服从正态分布。检验结果显示，N=398，说明样本数据无遗漏；所有题项的偏度绝对值最大为0.994，峰度绝对值最大为9.126。因此，可以认为样本数据是近似服从正态分布的，可以开展下一步研究。

表4-6 变量描述性统计

测量题项	N	均值	标准差	偏度		峰度	
				统计值	标准误	统计值	标准误
VM1	398	3.869	1.203	-0.994	0.172	0.172	0.343
VM2	398	3.683	1.217	-0.664	0.172	-0.465	0.343
VM3	398	3.784	1.189	-0.795	0.172	-0.176	0.343
VM4	398	3.754	1.183	-0.714	0.172	-0.248	0.343
VI1	398	3.910	1.147	-0.938	0.172	0.039	0.343
VI2	398	3.784	1.171	-0.790	0.172	-0.156	0.343
VI3	398	3.819	1.113	-0.767	0.172	-0.061	0.343
VI4	398	3.824	1.103	-0.741	0.172	-0.115	0.343
VI5	398	3.714	1.195	-0.632	0.172	-0.532	0.343
IC1	398	3.769	1.118	-0.826	0.172	0.093	0.343
IC2	398	3.317	1.170	-0.162	0.172	-0.817	0.343
IC3	398	3.694	1.115	-0.672	0.172	-0.192	0.343
IC4	398	3.764	1.078	-0.813	0.172	0.147	0.343
IC5	398	3.543	1.140	-0.416	0.172	-0.611	0.343
IC6	398	3.769	1.090	-0.639	0.172	-0.276	0.343
CL1	398	3.397	1.214	-0.390	0.172	-0.753	0.343
CL2	398	3.774	1.161	-0.782	0.172	-0.186	0.343
CL3	398	3.759	1.120	-0.775	0.172	-0.061	0.343
CL4	398	3.809	1.125	-0.863	0.172	0.131	0.343
CL5	398	3.794	1.125	-0.811	0.172	-0.015	0.343

续表

测量题项	N	均值	标准差	偏度		峰度	
				统计值	标准误	统计值	标准误
CL6	398	3.819	1.095	-0.800	0.172	0.081	0.343
CL7	398	3.864	1.067	-0.810	0.172	0.199	0.343
CL8	398	3.920	1.093	-0.963	0.172	0.296	0.343
CL9	398	3.854	1.080	-0.801	0.172	0.106	0.343
CL10	398	3.794	1.147	-0.765	0.172	-0.184	0.343
MC1	398	3.618	1.047	-0.784	0.172	0.277	0.343
MC2	398	3.533	1.014	-0.574	0.172	0.163	0.343
MC3	398	3.724	1.005	-0.781	0.172	0.445	0.343
OAA1	398	3.487	1.019	-0.573	0.172	-0.093	0.343
OAA2	398	3.719	0.848	-0.482	0.172	0.469	0.343
OAA3	398	3.769	0.962	-0.964	0.172	1.051	0.343
ED1	398	3.739	0.939	-0.788	0.172	0.699	0.343
ED2	398	3.432	0.912	-0.482	0.172	0.307	0.343
ED3	398	3.714	0.928	-0.737	0.172	0.689	0.343
ED4	398	3.487	0.931	-0.513	0.172	0.118	0.343
ED5	398	3.638	0.859	-0.291	0.172	-0.271	0.343
DC1	398	3.699	1.082	-0.800	0.172	0.104	0.343
DC2	398	3.583	1.125	-0.607	0.172	-0.353	0.343
DC3	398	3.241	1.120	-0.118	0.172	-0.665	0.343
DC4	398	3.744	1.025	-0.748	0.172	0.298	0.343
DC5	398	3.699	1.054	-0.731	0.172	0.137	0.343
DC6	398	3.528	1.158	-0.620	0.172	-0.280	0.343
DT1	398	3.734	1.103	-0.756	0.172	-0.092	0.343
DT2	398	3.799	1.025	-0.782	0.172	0.279	0.343
DT3	398	3.694	1.050	-0.575	0.172	-0.167	0.343
DT4	398	3.347	1.013	-0.327	0.172	-0.305	0.343
DT5	398	3.598	0.964	-0.418	0.172	-0.083	0.343
DCP1	398	3.402	1.015	-0.521	0.172	0.082	0.343
DCP2	398	3.769	1.062	-0.829	0.172	0.267	0.343

续表

测量题项	N	均值	标准差	偏度		峰度	
				统计值	标准误	统计值	标准误
DCP3	398	3.593	1.133	-0.602	0.172	-0.307	0.343
DCP4	398	3.608	0.978	-0.847	0.172	0.579	0.343
DCP5	398	3.714	0.961	-0.641	0.172	0.356	0.343
VC1	398	3.548	1.028	-0.749	0.172	0.234	0.343
VC2	398	3.925	1.082	-0.912	0.172	0.191	0.343
VC3	398	3.392	1.104	-0.507	0.172	-0.306	0.343
VC4	398	3.774	1.237	0.876	0.172	9.126	0.343

4.3 数据质量评估

4.3.1 信度分析

信度检验是测量结果一致性和稳定性的保证。在使用李克特量表测量构念间关系的研究中，Cronbach's α 系数被广泛用于检验量表内部指标的一致性，CITC 值反映了各测量题项与其所在维度下其他测量题项总分的相关系数，被视为评估量表可靠性的辅助指标。一般认为，Cronbach's α 系数高于 0.7，CITC 值不低于 0.4，量表具有良好的信度。由于本书使用偏最小二乘结构方程模型（PLS-SEM）进行假设的验证，其对测量模型的信度检验不仅要求 Cronbach's α 系数满足一定的标准，还要求组合信度（CR）值不低于 0.7。利用 SPSS 26.0 对量表的信度进行分析，并使用 SmartPLS 4.0 软件计算量表的组合信度，表 4-7 展示了所有潜变量各维度的信度检验结果。

表 4 – 7　　　　信度检验结果

量表	维度	测量题项	CITC	项删除的 Cronbach's α 系数	维度 Cronbach's α 系数	CR
变革领导力（Cronbach's α = 0. 826；CR = 0. 885）	德行垂范	VM1	0. 683	0. 847	0. 869	0. 910
		VM2	0. 775	0. 810		
		VM3	0. 680	0. 848		
		VM4	0. 745	0. 822		
	愿景激励	VI1	0. 732	0. 865	0. 889	0. 919
		VI2	0. 705	0. 871		
		VI3	0. 708	0. 870		
		VI4	0. 773	0. 856		
		VI5	0. 737	0. 864		
	个性化关怀	IC1	0. 689	0. 884	0. 897	0. 921
		IC2	0. 744	0. 876		
		IC3	0. 737	0. 877		
		IC4	0. 707	0. 882		
		IC5	0. 768	0. 872		
		IC6	0. 689	0. 884		
	领导魅力	CL1	0. 746	0. 936	0. 941	0. 950
		CL2	0. 782	0. 934		
		CL3	0. 782	0. 934		
		CL4	0. 718	0. 937		
		CL5	0. 775	0. 935		
		CL6	0. 786	0. 934		
		CL7	0. 777	0. 935		
		CL8	0. 741	0. 936		
		CL9	0. 745	0. 936		
		CL10	0. 748	0. 936		

续表

量表	维度	测量题项	CITC	项删除的 Cronbach's α 系数	维度 Cronbach's α 系数	CR
组织敏捷性（Cronbach's α =0. 850；CR =0. 889）	市场利用敏捷性	MC1	0. 712	0. 847	0. 868	0. 919
		MC2	0. 774	0. 790		
		MC3	0. 758	0. 804		
	运营调整敏捷性	OAA1	0. 658	0. 766	0. 817	0. 893
		OAA2	0. 695	0. 732		
		OAA3	0. 668	0. 750		
环境动态性（Cronbach's α =0. 875；CR =0. 909）	—	ED1	0. 706	0. 848	0. 875	—
		ED2	0. 703	0. 848		
		ED3	0. 678	0. 855		
		ED4	0. 734	0. 841		
		ED5	0. 698	0. 850		
数字化转型绩效（Cronbach's α =0. 827；CR =0. 886）	数字文化	DC1	0. 683	0. 878	0. 893	0. 918
		DC2	0. 791	0. 861		
		DC3	0. 709	0. 874		
		DC4	0. 670	0. 880		
		DC5	0. 699	0. 876		
		DC6	0. 724	0. 872		
	数字技术	DT1	0. 667	0. 831	0. 858	0. 898
		DT2	0. 671	0. 829		
		DT3	0. 687	0. 825		
		DT4	0. 709	0. 820		
		DT5	0. 638	0. 838		
	数字能力	DCP1	0. 727	0. 844	0. 875	0. 910
		DCP2	0. 746	0. 839		
		DCP3	0. 734	0. 843		
		DCP4	0. 621	0. 868		
		DCP5	0. 702	0. 850		
	价值创造	VC1	0. 674	0. 792	0. 836	0. 893
		VC2	0. 685	0. 786		
		VC3	0. 702	0. 778		
		VC4	0. 623	0. 818		

由表 4 - 7 可知，各维度量表及总量表的 Cronbach's α 系数最小为 0.817，均大于 0.7 的最低阈值标准，CR 值均大于 0.7，CITC 值均高于 0.4，说明本书中使用的量表具有良好的信度。同时可以观察到，各题项删除后的 α 系数均小于对应维度的 α 系数，说明删除任何一个题项均不能提升量表的内部一致性水平，应该保留全部题项，进一步说明量表的题项指标设置合理。

4.3.2 效度分析

效度是指测验工具能够准确反映目标构念的程度。在实证研究中，主要从内容效度、结构效度、收敛效度和区分效度四个方面评价问卷题项能否准确反映研究目标。对于内容效度，由于本书的量表均是在沿用已有成熟量表的基础上结合建筑行业的特点和数字化转型的情境设计的，并通过专家论证和预调研对量表题项进行了修订和完善，使得本书中量表的内容效度得到了保证。因此，本节不再对内容效度进行过多论述，主要对量表的结构效度、收敛效度和区分效度进行考察。

（1）结构效度分析。

本书采用探索性因子分析方法对各量表进行结构效度分析。在进行探索性因子分析之前，首先需要通过 KMO 与 Bartlett 检验判断调研数据是否适合做因子分析，检验结果具体见表 4 - 8。由表 4 - 8 可知，变革领导力、组织敏捷性、环境动态性和数字化转型绩效四个量表的 KMO 值分别为 0.941、0.804、0.877、0.923，明显高于阈值 0.5 且显著性均小于 0.001，说明各量表可以进行因子分析。

表 4 – 8　　　潜变量的 KMO 与 Bartlett 球形检验

变量	KMO	Bartlett 球形检验	
		近似卡方	显著性
变革领导力	0.941	3315.227	0.000
组织敏捷性	0.804	567.363	0.000
环境动态性	0.877	455.256	0.000
数字化转型绩效	0.923	2188.912	0.000

在此基础上分别对四个量表进行主成分分析，在 SPSS 26.0 软件中利用极大方差法进行正交旋转，以判断调研数据的因子提取与量表预期维度的划分是否一致。

①变革领导力量表。

由表 4 – 9 可知，变革领导力量表最终提取到 4 个因子，累计方差解释率为 67.960%，高于 60%，说明题项对变量特征有较好的解释能力。同时旋转成分矩阵也显示，德行垂范收敛于因子 4，愿景激励收敛于因子 3，个性化关怀收敛于因子 2，领导魅力收敛于因子 1，因子载荷均高于 0.5 的最低标准，且题项的维度划分与预期结果相匹配，说明变革领导力量表具有良好的结构效度。

表 4 – 9　　　变革领导力的主成分分析结果

因子名称	题项编码	成分			
		因子 1	因子 2	因子 3	因子 4
领导魅力	CL3	0.778			
	CL10	0.772			
	CL7	0.769			
	CL5	0.760			
	CL6	0.760			
	CL8	0.758			
	CL2	0.756			
	CL1	0.716			
	CL9	0.715			
	CL4	0.697			

续表

因子名称	题项编码	成分			
		因子1	因子2	因子3	因子4
个性化关怀	IC2		0.787		
	IC3		0.781		
	IC5		0.773		
	IC6		0.736		
	IC1		0.712		
	IC4		0.693		
愿景激励	VI4			0.799	
	VI3			0.789	
	VI1			0.786	
	VI5			0.751	
	VI2			0.717	
德行垂范	VM4				0.768
	VM2				0.765
	VM3				0.718
	VM1				0.652
初始特征值		11.378	2.384	2.043	1.184
累积解释方差百分比		25.645%	42.069%	56.907%	67.960%

②组织敏捷性量表。

由表4-10可知，组织敏捷性量表最终提取到2个因子，累计方差解释率为76.635%，高于60%，说明题项对变量特征有较好的解释能力。同时旋转成分矩阵也显示，市场利用敏捷性收敛于因子1，运营调整敏捷性收敛于因子2，因子载荷均远高于0.5的最低标准，且题项的维度划分与预期结果相匹配，说明组织敏捷性量表具有良好的结构效度。

表 4－10　　　　组织敏捷性的主成分分析结果

因子名称	题项编码	成分	
		因子 1	因子 2
市场利用敏捷性	MC2	0.896	
	MC3	0.855	
	MC1	0.829	
运营调整敏捷性	OAA2		0.851
	OAA3		0.851
	OAA1		0.782
初始特征值		3.431	1.167
累积解释方差百分比		39.685%	76.635%

③环境动态性量表。

由表 4－11 可知，环境动态性量表最终仅提取到 1 个因子，累计方差解释率为 66.714%，高于 60%，说明题项对变量特征有较好的解释能力。同时旋转成分矩阵也显示，因子载荷均远高于 0.5 的最低标准，且题项的维度划分与预期结果相匹配，说明环境动态性量表具有良好的结构效度。

表 4－11　　　　环境动态性的主成分分析结果

因子名称	题项编码	成分
		因子 1
环境动态性	ED4	0.839
	ED1	0.819
	ED2	0.816
	ED5	0.813
	ED3	0.796
初始特征值		3.336
累积解释方差百分比		66.714%

④数字化转型绩效量表。

由表 4－12 可知，数字化转型绩效量表最终提取到 4 个因子，累计方差解释率为 66. 533%，高于 60%，说明题项对变量特征有较好的解释能力。同时旋转成分矩阵也显示，数字文化收敛于因子 1，数字技术收敛于因子 3，数字能力收敛于因子 2，价值创造收敛于因子 4，因子载荷均高于 0. 5 的最低标准，且题项的维度划分与预期结果相匹配，说明数字化转型绩效量表具有良好的结构效度。

表 4－12　　数字化转型绩效的主成分分析结果

因子名称	题项编码	成分			
		因子 1	因子 2	因子 3	因子 4
数字文化	DC6	0. 811			
	DC2	0. 796			
	DC3	0. 73			
	DC1	0. 714			
	DC4	0. 695			
	DC5	0. 67			
数字能力	DCP1		0. 812		
	DCP2		0. 804		
	DCP3		0. 761		
	DCP5		0. 726		
	DCP4		0. 695		
数字技术	DT2			0. 774	
	DT3			0. 754	
	DT4			0. 718	
	DT1			0. 676	
	DT5			0. 642	
价值创造	VC3				0. 8
	VC1				0. 765
	VC2				0. 743
	VC4				0. 623
初始特征值		8. 704	1. 884	1. 414	1. 304
累积解释方差百分比		19. 456%	36. 723%	53. 025%	66. 533%

（2）收敛效度分析。

对于收敛效度，本书采用平均方差萃取量（AVE）和组合信度（CR）来衡量。一般认为，AVE 值大于 0.5 且 CR 值大于 0.7，则说明测量构念的收敛效度良好。由前一节信度分析的结果可知，变量及其子维度的 CR 值在 0.885 ~ 0.950，问卷量表维度通过了组合信度的检验。进一步使用 SmartPLS 4.0 软件计算变量及其维度的 AVE 值，结果具体见表 4 – 13。结果显示，各变量及其子维度的 AVE 值在 0.639 ~ 0.792，均高于阈值 0.5。综上所述，问卷量表维度的收敛效度良好。

表 4 – 13　　收敛效度分析

变量	维度	AVE	
变革领导力	德行垂范	0.718	0.658
	愿景激励	0.694	
	个性化关怀	0.661	
	领导魅力	0.656	
组织敏捷性	市场利用敏捷性	0.792	0.749
	运营调整敏捷性	0.736	
环境动态性	—	0.666	
数字化转型绩效	数字文化	0.651	0.659
	数字技术	0.639	
	数字能力	0.669	
	价值创造	0.675	

（3）区分效度分析。

对于区分效度，本书依据 Fornell 和 Larcker（1981）提出的检验准则，通过检验 AVE 的平方根是否大于潜变量之间相关系数的绝对值来评判。若满足该条件，则表明变量之间的区分效度良好。表 4 – 14 展示了区分效度的检验结果，对角线上的数值即为相应变量 AVE 的平方根，其所在行的其余数值即为该变量与其他变量的皮尔逊相关系数。通过比较可知，各变量 AVE 的平方根均大于相关系数，表明变量之间具有良好的区分效度。

表 4－14　　区分效度分析

	CL	DC	DCP	DT	ED	IC	MC	OAA	VC	VI	VM
CL	0.810										
DC	0.560	0.807									
DCP	0.588	0.552	0.818								
DT	0.584	0.697	0.605	0.799							
ED	0.251	0.263	0.246	0.311	0.816						
IC	0.624	0.542	0.602	0.554	0.272	0.813					
MC	0.623	0.592	0.566	0.622	0.422	0.637	0.890				
OAA	0.613	0.610	0.556	0.625	0.242	0.607	0.586	0.858			
VC	0.564	0.637	0.612	0.673	0.176	0.551	0.609	0.633	0.822		
VI	0.549	0.547	0.509	0.510	0.218	0.506	0.595	0.630	0.646	0.833	
VM	0.643	0.623	0.533	0.630	0.351	0.614	0.684	0.664	0.674	0.692	0.847

4.3.3　相关性分析

采用 SPSS 26.0 中的 Person 相关分析检验变量及其各维度之间的相关性，检验结果具体见表 4－15。由表 4－15 可知，变革领导力及其四个维度与数字化转型绩效之间呈现显著的正向相关关系，组织敏捷性及其两个维度与数字化转型绩效之间呈现显著的正相关关系，变革领导力与组织敏捷性及其两个维度之间呈现显著的正相关关系，调节变量环境动态性与其他变量也具有显著相关性。已有研究指出，相关系数的绝对值高于 0.8 时可能存在多重共线性。总体上来看，除了某些变量与其子维度的相关系数高于 0.8 以外，其余各潜变量两两之间的相关系数均在 0.8 以下，未出现多重共线性问题，可以进行进一步的假设检验。

表4-15 变量间的相关性分析

变量	均值	标准差	1	2	3	4	5	6	7	8	9	10
德行垂范	3.773	1.014	1									
愿景激励	3.810	0.954	0.609**	1								
个性化关怀	3.642	0.910	0.542**	0.452**	1							
领导魅力	3.778	0.909	0.581**	0.503**	0.574**	1						
变革领导力	3.751	0.766	0.795**	0.746**	0.785**	0.887**	1					
市场利用敏捷性	3.625	0.909	0.594**	0.523**	0.563**	0.564**	0.685**	1				
运营调整敏捷性	3.658	0.809	0.567**	0.541**	0.518**	0.544**	0.661**	0.497**	1			
组织敏捷性	3.642	0.744	0.671**	0.614**	0.626**	0.640**	0.778**	0.882**	0.848**	1		
环境动态性	3.602	0.746	0.307**	0.193**	0.241**	0.227**	0.290**	0.367**	0.206**	0.336**	1	
数字化转型绩效	3.619	0.703	0.656**	0.595**	0.610**	0.638**	0.765**	0.636**	0.630**	0.731**	0.271**	1

注：* 表示 $P<0.05$，** 表示 $P<0.01$。

4.3.4 同源偏差检验

同源偏差是由于数据来源于单一受访者或是受到环境和语境的影响造成的变量之间的人为共变现象，这将导致数据呈现虚拟的相关关系。本书通过事前预防和事后评估两种手段来避免同源偏差问题。事前预防主要是在问卷设计和调研阶段采取一些干预手段，本书通过在问卷设计过程中作出保密承诺、在调研阶段采取匿名填写的方式保护受访者隐私，以减少社会期许对受访者的影响，进而对同源偏差问题进行控制。在事后评估方面，本书采用 Harman 单因素检验法，利用 SPSS 26.0 软件进行同源偏差检验。结果显示，KMO 值为 0.923，Battle 球型检验达到了 0.001 的显著水平，提取到特征根大于 1 的因子有 11 个，最大因子对总变异量的解释度为 36.593%，满足特征根大于 1 的因子超过一个且最大因子的变异解释量低于 40% 的标准。因此，可以认为本次调研数据无明显的同源方法偏差。

4.4 控制变量差异分析

差异性分析方法分为独立样本 T 检验和单因素方差分析两种。其中，独立样本 T 检验适用于分析某连续变量在二分变量上是否存在显著性差异，单因素方差分析适用于分析某连续变量在分类大于两个的自变量上是否存在显著性差异。由于本书中的控制变量均为四分类变量，因此选择单因素方差分析法分别判断企业规模、性质和成立年限对各研究变量的影响。

4.4.1 企业规模差异性分析

使用 SPSS 26.0 软件分析各研究变量在不同企业规模上的差异，分析结果具体见表 4－16。由表 4－16 可知，变革领导力、组织敏捷性、环境动态性和数字化转型绩效的 P 值均大于 0.05，不同规模的企业在这些变量上并未表现出显著性差异。因此，企业规模不会对变革领导力、组织敏捷性、环境动态性和数字化转型绩效产生影响。

表 4－16　企业规模对各变量的差异性分析

企业规模	变革领导力		组织敏捷性		环境动态性		数字化转型绩效	
	均值	标准差	均值	标准差	均值	标准差	均值	标准差
1	4.000	0.783	3.972	0.726	3.805	0.839	3.864	0.710
2	3.757	0.740	3.679	0.572	3.704	0.669	3.689	0.606
3	3.428	0.707	3.326	0.746	3.550	0.785	3.381	0.599
4	3.724	0.756	3.572	0.750	3.508	0.708	3.559	0.723
F	2.184		2.097		1.827		1.809	
P	0.982		0.102		0.134		0.138	

注：1 代表“100 人及以下”，2 代表“101～500 人”，3 代表“501～1000 人”，4 代表“1001 人及以上”。

4.4.2 企业性质差异性分析

使用 SPSS 26.0 软件分析各研究变量在不同企业性质上的差异，分析结果具体见表 4－17。由表 4－17 可知，变革领导力、组织敏捷性、环境动态性和数字化转型绩效的 P 值均大于 0.05，不同性质的企业在这些变量上并未表现出显著性差异。因此，企业性质不会对变革领导力、组织敏捷性、环境动态性和数字化转型绩效产生影响。

表 4－17　　企业性质对各变量的差异性分析

企业性质	变革领导力		组织敏捷性		环境动态性		数字化转型绩效	
	均值	标准差	均值	标准差	均值	标准差	均值	标准差
1	3.702	0.763	3.566	0.746	3.504	0.717	3.559	0.713
2	3.941	0.757	3.841	0.747	3.969	0.713	3.812	0.677
3	3.820	0.651	3.500	0.707	3.400	0.844	3.000	0.071
4	3.596	0.817	3.818	0.594	3.400	0.815	3.718	0.582
F	1.284		1.812		1.842		2.103	
P	0.281		0.146		0.140		0.101	

注：1 代表"国有企业"，2 代表"民营企业"，3 代表"外资企业"，4 代表"其他"。

4.4.3　企业成立年限差异性分析

使用 SPSS 26.0 软件分析各研究变量在不同企业成立年限上的差异，分析结果具体见表 4－18。由表 4－18 可知，变革领导力、组织敏捷性、环境动态性和数字化转型绩效的 P 值均大于 0.05，不同成立年限的企业在这些变量上并未表现出显著性差异。因此，企业成立年限不会对变革领导力、组织敏捷性、环境动态性和数字化转型绩效产生影响。

表 4－18　　企业成立时间对各变量的差异性分析

企业成立年限	变革领导力		组织敏捷性		环境动态性		数字化转型绩效	
	均值	标准差	均值	标准差	均值	标准差	均值	标准差
1	2.875	0.636	2.750	0.882	3.325	0.684	2.800	0.648
2	3.769	0.852	3.560	0.849	3.329	0.673	3.429	0.699
3	3.525	0.794	3.453	0.747	3.4625	0.796	3.370	0.638
4	3.8477	0.722	3.740	0.689	3.6745	0.738	3.738	0.677
F	1.793		1.785		1.845		2.137	
P	0.150		0.154		0.140		0.095	

注：1 代表"10 年及以下"，2 代表"11～20 年"，3 代表"21～30 年"，4 代表"31 年及以上"。

4.5 假设检验

本书采用偏最小二乘结构方程模型（PLS－SEM）方法对模型进行检验，与基于协方差的结构方程模型（CB－SEM）相比，PLS－SEM 方法适用于对新理论的探索和预测研究，同时具有对样本量要求较小、能够处理指标数量较多且包含调节变量的复杂模型等优点。考虑本书的模型中包含 16 条路径关系，同时涉及对于调节效应的检验，属于较为复杂的统计模型，因此选择 PLS－SEM 方法进行假设验证将更加精准可靠。

4.5.1 结构模型评估

PLS－SEM 方法要求在分析之前对测量模型（外模型）和结构模型（内模型）分别进行评估，对测量模型的评估在 4.3 节中已经论述且均已满足相关参数要求。因此，此部分重点对结构模型进行评估，包括变量间多重共线性的诊断、模型的预测能力评估以及路径系数显著性的评估。在 SmartPLS 4.0 软件中构建结构方程模型并进行 PLS 运算，结果具体见图 4－2，依据结果进一步对结构模型进行评估。

（1）共线性诊断。

PLS－SEM 方法要求使用方差膨胀因子（VIF）分别诊断内模型和外模型的多重共线性，以对相关性分析的结论进行加强论证。一般认为，VIF 值低于 5，则不存在严重的多重共线性问题，理想状态下的 VIF 值应小于 3。表 4－19 和表 4－20 分别汇报了对内模型和外模型的诊断结果。结果显示，内模型 VIF 值最大为 2.729，外模型 VIF 值最大为 2.011，均满足小于 3 的标准，说明本书中的变量间无严重的多重共线性。

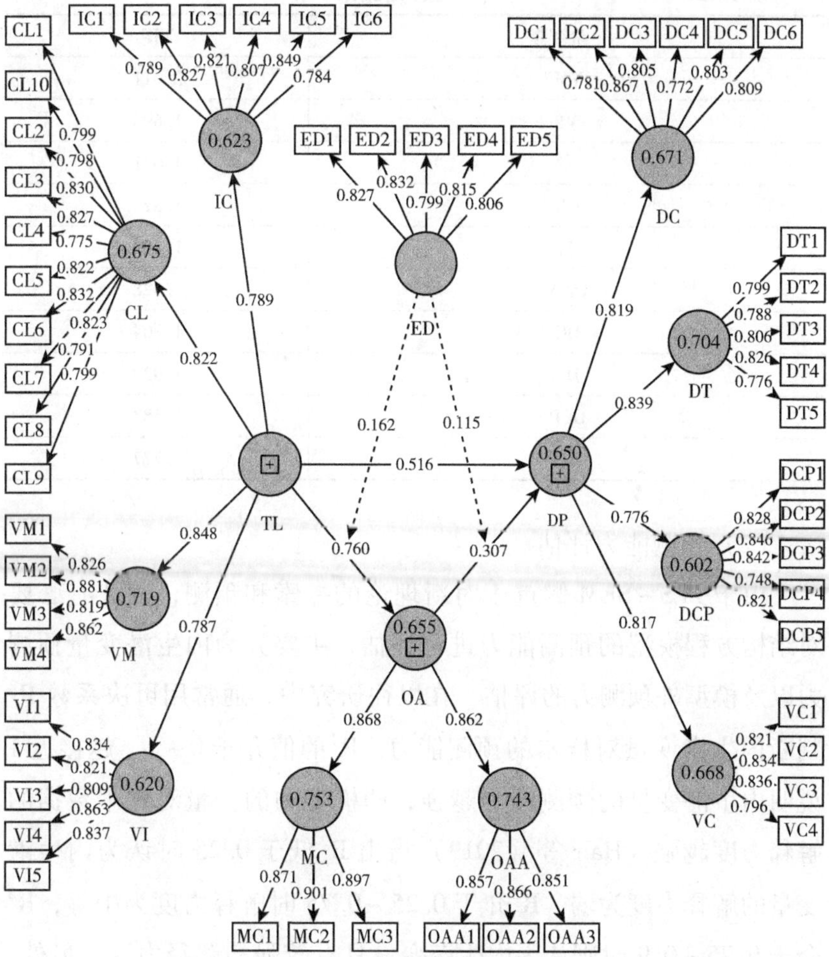

图 4－2　结构方程模型评估结果

表 4－19　　　　　　　　内模型诊断结果

二阶变量	DP	ED	OA	TL
DP				
ED	1. 146		1. 121	
OA	2. 729			
TL	2. 633		1. 104	

表 4-20　　外模型诊断结果

一阶变量	VIF
VM	2.011
VI	1.698
IC	1.671
CL	1.82
MC	1.328
OAA	1.328
DC	1.804
DT	1.929
DCP	1.583
VC	1.777

（2）预测能力评估。

由于 PLS-SEM 侧重于对新理论的探索和预测，因此有必要对结构方程模型的预测能力进行评估，主要分为内生潜变量预测力以及模型外预测力的评估。在以往研究中，通常用可决系数 R^2 判断内生潜变量对样本的预测能力，R^2 的值介于 0～1，越接近 1 说明内生潜变量的预测能力越强，即模型中的变量对样本数据的解释力度越强。Hair 等（2019）指出 R^2 低于 0.25 时认为内生潜变量的解释力度为弱，R^2 介于 0.25～0.75 时解释力度为中等，R^2 介于 0.75～0.9 时则认为内生潜变量具有较强的解释力度。另外，以往研究使用 Blindfolding 计算 Q^2 值评估模型整体的预测相关性，但并不能评估模型的外预测能力。根据 Sharma 等（2022）的研究，本书使用交叉验证的预测能力测试（CVPAT）评估模型的外预测能力，其原理是先将模型的平均损失与朴素 IA 基准进行比较，若前者显著低于后者，则证明模型满足预测有效性的最低标准；然后将平均损失与朴素 LM 基准进行比较，若前者显著低于后者，则证明模型具有很强的外预测能力。

在 SmartPLS 4.0 中分别进行 PLS 运算和 PLS predict 运算以评估模型的预测能力，评估结果具体见表 4－21。由表 4－21 可知，内生潜变量的 R^2 值在 0.600～0.752，说明模型具有中等解释力度；平均损失与 IA 基准、IM 基准比较的 P 值均小于 0.05，说明具有很强的外预测能力。

表 4－21　　　　预测能力评估结果

内生潜变量	R^2	$CVPAT^{IA}$		$CVPAT^{LM}$	
		T	P	T	P
CL	0.673	9.063	0.000	8.723	0.000
DC	0.669	5.802	0.000	3.947	0.000
DCP	0.600	5.198	0.000	2.458	0.015
DP	0.642	7.512	0.000	4.117	0.000
DT	0.703	5.692	0.000	3.783	0.000
IC	0.621	8.261	0.000	8.489	0.000
MC	0.752	7.237	0.000	2.956	0.003
OA	0.650	8.327	0.000	3.891	0.000
OAA	0.742	6.166	0.000	3.567	0.000
VC	0.667	5.630	0.000	3.316	0.001
VI	0.618	8.025	0.000	8.865	0.000
VM	0.717	9.621	0.000	8.533	0.000

（3）路径系数显著性评估。

在 SmartPLS 4.0 软件中进一步利用 Bootstrapping 算法进行运算以评估路径系数，其中，子样本参数设定为默认值 5000。经过运算得到各潜变量之间的路径系数检验结果，具体见表 4－22。从表 4－22 中的数据可知，所有路径均满足 $T>3.29$，$P<0.001$，说明所有路径均在 99.9% 的置信水平上显著。

表 4 – 22　　　　　　路径系数评估

Models	路径	路径系数	样本均值	标准差	T	P
模型一 TL – > DP	TL – > DP	0.768	0.774	0.027	28.003	0.000
模型二 VM – > DP	VM – > DP	0.664	0.671	0.038	17.686	0.000
模型三 VI – > DP	VI – > DP	0.602	0.610	0.046	13.150	0.000
模型四 IC – > DP	IC – > DP	0.618	0.626	0.041	15.199	0.000
模型五 CL – > DP	CL – > DP	0.643	0.652	0.040	16.189	0.000
模型六 TL – > OA – > DP	TL – > OA	0.778	0.782	0.025	30.579	0.000
	OA – > DP	0.349	0.350	0.066	5.322	0.000
	TL – > DP	0.495	0.498	0.064	7.738	0.000
模型七 TL – > MC – > DP	TL – > MC	0.687	0.691	0.039	17.680	0.000
	MC – > DP	0.212	0.208	0.060	3.506	0.000
	TL – > DP	0.622	0.629	0.055	11.305	0.000
模型八 TL – > OAA – > DP	TL – > OAA	0.661	0.664	0.040	16.430	0.000
	OAA – > DP	0.225	0.225	0.060	3.784	0.000
	TL – > DP	0.619	0.622	0.053	11.626	0.000

4.5.2 主模型检验

分别以变革领导力及其子维度为自变量，数字化转型绩效为因变量构建模型进行数据分析，分析结果见表 4 – 22 中模型一到模型五的数据。由表 4 – 22 中的数据可知，变革领导力及其子维度与数字化转型绩效的路径系数均大于 0，P 值均小于 0.001，说明变革领导力及其子维度德行垂范、愿景激励、个性化关怀和领导魅力对数字化转型绩效均具有显著的正向影响作用，假设 H1 以及 H1a－H1d 均得到验证。

4.5.3　中介效应分析

在模型一的基础上加入中介变量组织敏捷性及其子维度以检验中介效应。由表4－22中模型六、模型七以及模型八的数据可知，在加入中介变量后，三个模型中变革领导力对数字化转型绩效仍然存在显著正向影响作用（路径系数均为正且 $P<0.001$）。此外，变革领导力对组织敏捷性（路径系数＝0.778，$P=0.000$）及其子维度市场利用敏捷性（路径系数＝0.687，$P=0.000$）和运营调整敏捷性（路径系数＝0.661，$P=0.000$）具有显著正向影响作用，假设 H2、H2a 和 H2b 成立。组织敏捷性（路径系数＝0.349，$P=0.000$）及其子维度市场利用敏捷性（路径系数＝0.212，$P=0.000$）和运营调整敏捷性（路径系数＝0.225，$P=0.000$）均对数字化转型绩效具有显著正向影响作用，假设 H3、H3a 和 H3b 成立。

采用 Bootstrapping 算法分别计算间接效应和总效应，在此基础上进一步计算解释变量比例（VAF），即间接效应量占总效应量的百分比，以此来检验中介效应并评估其强弱程度，详细运算结果见表4－23。一般认为，VAF 低于20%时无中介效应，在20%到80%之间时属于部分中介效应，超过80%时则为完全中介效应。由表4－23可知，模型六中以组织敏捷性为中介变量，间接效应显著（$P<0.001$），组织敏捷性对变革领导力与数字化转型绩效的中介效应值为35.463%，说明存在部分中介效应，假设 H4 成立；模型七和模型八中分别以市场利用敏捷性和运营调整敏捷性为中介变量，虽然 VAF 略小于20%，但间接效应显著（$P<0.01$），因此本书认为市场利用敏捷性和运营调整敏捷性在变革领导力与数字化转型绩效之间具有中介效应，只是中介效果比较轻

微，假设 H4a 和 H4b 成立。

表 4 – 23　　　　中介效应分析

Models	直接效应	间接效应	总效应	VAF
模型六 TL – > OA – > DP	0.495***	0.272***	0.767***	35.463%
模型七 TL – > MC – > DP	0.622***	0.145**	0.767***	18.905%
模型八 TL – > OAA – > D4P	0.619***	0.149**	0.767***	19.426%

注：** 表示 $P<0.01$，*** 表示 $P<0.001$。

4.5.4 调节效应分析

使用 SmartPLS 4.0 在模型六中引入调节变量环境动态性，并在前半段路径和后半段路径上分别建立调节关系，自动生成变革领导力与环境动态性的交互项 ED × TL、组织敏捷性与环境动态性的交互项 ED × OA，依次执行 PLS 运算和 Bootstrapping 运算检验环境动态性的调节效应，检验结果见表 4 – 24。依据表 4 – 24 中的数据，交互项 ED × TL 与 OA 之间的路径系数为 0.162 > 0，$P<0.001$，说明环境动态性对“变革领导力→组织敏捷性→数字化转型绩效”这一路径的第一阶段具有显著正向调节作用，假设 H5 得到验证；交互项 ED × OA 与 DP 之间的路径系数为 0.103 > 0，$P<0.05$，说明环境动态性对“变革领导力→组织敏捷性→数字化转型绩效”这一路径的第二阶段具有显著正向调节作用，假设 H6 得到验证。

表 4 – 24　　　　调节效应分析

路径	路径系数	样本均值	标准差	T	P
ED × TL – > OA	0.162	0.161	0.037	4.413	0.000
ED × OA – > DP	0.103	0.098	0.045	2.302	0.021

为了更直观地展示环境动态性的调节作用，本书分别绘制了两个阶段调节效应的简单斜率图，如图4-3和图4-4所示。由图4-3可知，在环境动态性水平较高的情况下（M+1SD），建筑企业变革领导力对组织敏捷性的正向影响作用高于环境动态性在平均水平时（M）；在环境动态性水平较低的情况下（M-1SD），建筑企业变革领导力对组织敏捷性的正向影响作用低于环境动态性在平均水平时（M）。这表明随着环境动态性水平的提高，建筑企业变革领导力对组织敏捷性的正向影响作用逐渐加强。

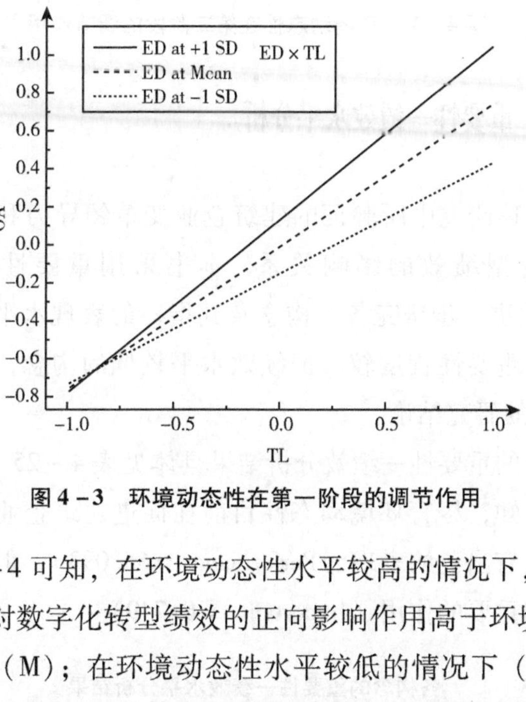

图4-3　环境动态性在第一阶段的调节作用

由图4-4可知，在环境动态性水平较高的情况下，建筑企业组织敏捷性对数字化转型绩效的正向影响作用高于环境动态性在平均水平时（M）；在环境动态性水平较低的情况下（M-1SD），建筑企业组织敏捷性对数字化转型绩效的正向影响作用低于环境动态性在平均水平时（M）。这表明随着环境动态性水平的提高，建筑企业组织敏捷性对数字化转型绩效的正向影响作用逐渐加强。

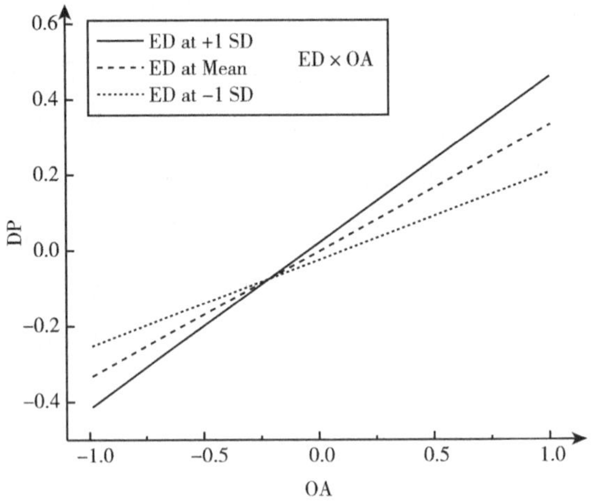

图 4-4　环境动态性在第二阶段的调节作用

4.5.5　重要性—绩效水平分析

针对上述研究中所验证的建筑企业变革领导力和组织敏捷性对数字化转型绩效的影响关系，本书采用重要性—绩效分析（IPA）方法进一步研究各个构念及其指标的表现水平，通过识别对结果变量重要性程度较高但绩效水平较低的构念，进一步扩充 PLS-SEM 的研究结论。

各构念的重要性—绩效分析结果具体见表 4-25。由表 4-25 中的数据可知，尽管环境动态性目前在促进建筑企业数字化转型进程方面具有出色的表现（Performance = 65.093），但变革领导力发挥着更加重要的作用（Importance = 0.749）。

表 4-25　　各构念的重要性—绩效水平分析结果

构念	Importance	Performance
变革领导力	0.749	64.948
组织敏捷性	0.307	62.973
环境动态性	0.057	65.093

进一步绘制重要性—绩效图对结果进行可视化展示，如图4-5所示。在图4-5中，根据重要性与绩效的相对水平对坐标平面进行分割。变革领导力重要性水平较高但绩效水平较低（第四象限），环境动态性重要性程度相对次之而绩效水平较高（第二象限），组织敏捷性重要性和绩效水平均不佳（第三象限）。这意味着变革领导力对数字化转型绩效的影响显著，但目前影响力并未得到充分发挥，未来需要在建筑企业积极推行变革型领导风格，加强企业及工程项目领导层的变革领导力的培养，使其向第一象限偏移。

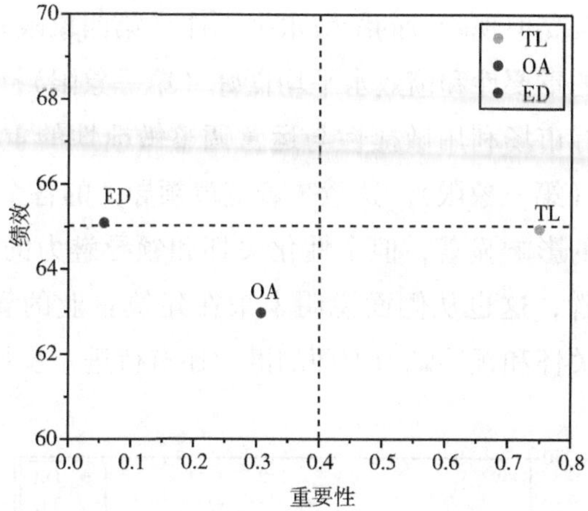

图4-5　各构念的重要性—绩效图

由于变革领导力和组织敏捷性均为多维构念，因此有必要深入分析指标层面的重要性—绩效水平以明确关键要点，分析结果具体见表4-26。由表4-26中的数据可知，与组织敏捷性相比，变革领导力中的四个指标重要性水平相对较高，分别为0.242、0.223、0.225和0.234，且德行垂范（Performance = 67.270）和愿景激励（Performance = 68.686）在现阶段具有出色的表现。

表 4-26　　细分指标的重要性—绩效水平分析结果

指标	Importance	Performance
德行垂范	0.242	67.270
愿景激励	0.223	68.686
个性化关怀	0.225	61.211
领导魅力	0.234	62.982
市场利用敏捷性	0.179	62.494
运营调整敏捷性	0.176	63.408

进一步绘制重要性—绩效图对结果进行可视化展示，具体见图4-6。图4-6也显示，在变革领导力方面，个性化关怀和领导魅力重要性较高但现阶段的绩效水平不佳（第四象限），德行垂范和愿景激励的重要性和绩效水平均良好（第一象限）；组织敏捷性中的两个指标市场利用敏捷性与运营调整敏捷性的重要性和绩效水平均不佳（第三象限）。这意味着变革领导力的各个指标对数字化转型绩效的影响显著，但个性化关怀和领导魅力的影响力并未得到充分发挥，这也从侧面说明未来在建筑企业的管理实践中，领导个性化关怀和领导魅力方面的潜力还有待进一步挖掘。

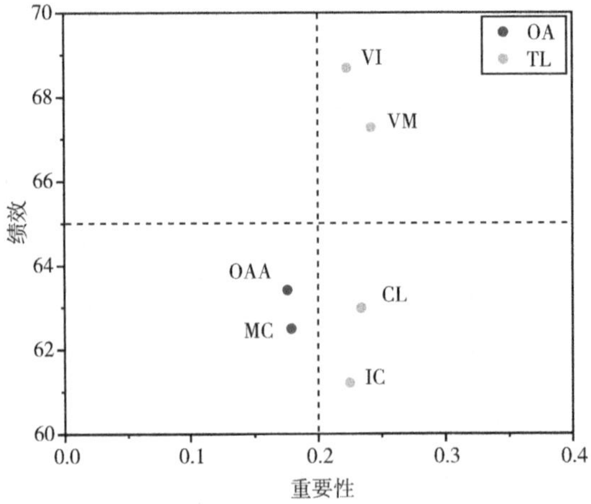

图 4-6　细分指标的重要性—绩效图

4.6　实证结果与讨论

本书以领导风格为切入点，基于动态能力理论构建了本书的逻辑分析框架，并结合高阶理论和权变理论重点研究建筑企业转型升级背景下变革领导力对数字化转型绩效的内在影响机制和边界条件。通过引入组织敏捷性为中介变量、环境动态性为调节变量构建理论模型，在对以往文献进行梳理的基础上提出 6 组共 16 项研究假设。根据对主模型的检验、中介和调节效应的分析结果，本书的所有假设均得到验证，同时也说明本书所构建的理论模型通过了实证检验。

4.6.1　变革领导力与数字化转型绩效

研究结果表明，变革领导力及其四个子维度——德行垂范、愿景激励、个性化关怀以及领导魅力对建筑企业数字化转型绩效均具有正向影响作用。领导在企业中扮演着重要的角色，是驱动企业发生重大变革的核心主体。在数字化的变革浪潮中，建筑企业数字技术、数字化软硬件设施的发现与创新往往与领导者的直接提出和推动相关。变革领导力作为一种德才兼备、宜人性与灵活性共存的领导力，不仅能够及时感知数字技术和软硬件设施的更新信息、掌握数字化相关知识与技能，同时能够有效带动企业员工朝着数字化的目标共同努力，提高建筑企业的数字化转型绩效。

（1）德行垂范与数字化转型绩效。

领导者通过优良的道德素养和一致的言行起到榜样示范的作用，加强员工对领导者的尊敬与信赖，营造出来的和谐一致的组织氛围有利于数字化战略的推进与落实，提高数字化战略的贯彻执行效率。一方面，领导者的道德水平越高，员工对其的敬畏之心和信任程度越强，对领导的工作指令和数字化战略安排也会高度支持；另一方面，领导者的道德水平越高，模范表率作用也越强，容易达成领导与员工上下一致的数字化愿景，从而提高数字化工作的推行效率。因此，领导者的道德修养直接影响了员工对其所指定的数字化转型战略的支持度和执行情况，换言之，德行垂范的领导者能够在组织成员中高效推行数字化转型战略。

（2）愿景激励与数字化转型绩效。

建筑企业的主营业务多为土木工程的建筑建造、管道与机械设备的安装、建筑物的装饰装修等大型且复杂的工程活动，技术岗位复杂多样导致项目人员构成复杂、人员素质参差不齐，对数字化的认知与接受度难以达成统一，这严重阻碍了建筑企业的数字化转型进程。而具有愿景激励特质的领导向员工描绘数字化生产经营的宏伟蓝图，阐明数字化转型的目标和意义，通过这种方式增强其对自身工作价值的认可，使员工对数字化转型战略和数字化实施过程持有较高的热情和积极性，能够有效克服上述问题。在潜移默化的影响过程中，建筑企业员工能够与领导者的思想和价值观相协调，时刻保持危机感与竞争意识，使其在工作或工程作业过程中自愿、主动并高效地学习和利用数字技术，并为数字化创新作出贡献，进而提高建筑企业的数字化转型绩效。

（3）个性化关怀与数字化转型绩效。

现如今，在建筑企业的成员构成中，年轻员工所占比例较大，建筑行业逐渐趋于年轻化，组织成员也越来越追求自我的个性发展和精神追求。而建筑企业尤其是建筑施工企业，由于工作强度大、工作条件艰苦，难以满足员工精神层面的追求；同时，由于项目所在地和工作性质要求，大多数员工奔赴他乡，远离家人和亲属，在个人情感上严重缺失，这些造成了建筑企业员工的高离职率和高流动率，不利于吸收和保留数字化人才。而变革领导力的个性化关怀特征能够在工作之外给予员工温暖关照和心灵上的慰藉，在弥补情感缺失的同时也使其感受到了领导的重视，能够大大增强其在企业中的归属感，在一定程度上能够减少数字化人才的流失。同时，领导者的个性化关怀还体现在对数字化推进工作中疑难问题的解答，能够使员工更顺利地完成由传统工作方式到数字化工作方式的转变，有利于减少其对数字化转型战略的抵触情绪，进而更有利于转型战略的推进与落实。因此，领导者的个性化关怀行为有利于建筑企业把握数字化人才，帮助员工尽快适应数字化工作方式，进而推动数字化转型进程。

（4）领导魅力与数字化转型绩效。

管理层数字知识与技能缺乏、数字化转型意识和热情低下是当前建筑企业数字化转型进程缓慢的一个重要因素。在数字经济情境下，变革领导力的领导魅力特质既包含传统情境中勇于冒险的精神、较强的事业心和进取心，也包含企业家的数字化转型精神。具体而言，包括超强的数字业务能力、数字化要素的敏锐洞察力以及对数字化变革工作的高度热情等。一方面，这样的领导魅力能够激发员工的欣赏与认同，特别是对其指导数字化工作的能力上的认可，使员工对于数字化目标的实现充满信心，从而更愿意参与到转型工作中，有利于数字化战略在组织内的顺利推行；另一方面，在领导魅力的感召下，员工也会持续主动学习新兴数字技术和知识，使自己达到与领导者平齐的数字技术和能力水平，进而推动建筑企业的数字化转型进程。

此外，本书还深入分析了变革领导力下的各组件对数字化转型绩效的影响潜力以及现阶段的表现水平。通过重要性—绩效水平分析发现，变革领导力中的个性化关怀和领导魅力对建筑企业数字化转型绩效的影响力并未得到充分发挥。这也进一步印证了样本群体所反映出的“建筑企业管理层的工作脱离基层员工”和

“领导能力不足”的现实问题。因此，要强化建筑企业变革领导力的培育，未来应针对建筑企业领导层进一步巩固德育教育、愿景构建能力与号召力；在此基础上，着重构建个性化关怀机制促进建筑企业领导与员工之间良好互动关系的形成；加强数字化知识、技能的培训，充分调动领导层对于数字化转型战略的积极态度，以过硬的数字业务能力在项目团队中树立榜样形象。

4.6.2 组织敏捷性的中介作用

首先，变革领导力对组织敏捷性及其两个子维度——市场利用敏捷性和运营调整敏捷性具有正向影响作用。在数字化转型情境中，建筑企业的市场利用敏捷性体现在感知客户多变的需求，通过数字技术的改进和创新使施工技术满足建设项目的要求、使服务模式更倾向于满足业主需求。变革领导力具备主动拥抱变化的企业家精神，这种精神能够帮助企业捕获充分的市场信息，根据收集的信息对资源配置利用，使企业具备了较高的市场利用敏捷性。建筑企业的运营调整敏捷性体现在根据市场变化及时、有效地进行组织结构和业务流程的改造，保证工程项目以及数字化工作顺利完成。但由于建筑企业的业务涉及多方利益相关者且组织结构较为复杂，要实现运营流程的调整并非易事。变革领导力通过驱动员工的价值观、态度和情感与员工建立适当的关系，鼓励员工立足组织需求角度进行思考，降低员工对战略调整的抵触情绪，使企业上下能够同心协力面对数字化的挑战和机遇，采取适当的行动以保证组织能够有效运作，企业的运营调整敏捷性也随之提高。

其次，建筑企业组织敏捷性及其两个子维度——市场利用敏捷性和运营调整敏捷性对数字化转型绩效具有正向影响作用。动态能力理论认为，转型的过程也是企业的经营管理与外部环境相匹配的过程，而敏捷性是实现匹配的关键因素。组织要变得敏捷，必须打破原有的组织结构、运营流程和管理模式，而这正是数字化转型企业的必要活动。市场利用敏捷性有利于企业及时感知数字经济带来的变化，这种变化刺激建筑企业将数字技术用于施工、管理和服务过程中以达到降本增效和满足顾客需求的目标，进而提高了数字化转型绩效。运营调整敏捷性作为一种快速行动能力，有利于企业快速配置资源并调整其业务流程，提前为数字化转型活动做好相应的资金和战略准备，大大缩短了准备时间，进而提高了数字化转型绩效。

研究发现，建筑企业的组织敏捷性能够在变革领导力促进建筑企业数字化转型绩效的过程中发挥部分中介作用，而其子维度市场利用敏捷性和运营调整敏捷性的中介效果略小。这说明建筑企业变革领导力对其数字化转型绩效既有直接的正向影响作用，也能够通过组织敏捷性的部分中介作用对其产生影响，而这一中介效果得益于两个子维度的相辅相成。领导者充分发挥变革领导力的个人魅力和感召力，带动建筑企业上下监控市场变化信息并根据信息快速做出运营调整，进而使企业率先高效地步入数字化转型的浪潮中。此外，组织敏捷性在这一过程中起到的部分中介作用并非一种不理想的结果，也从侧面反映出在变革领导力与数字化转型绩效之间存在其他潜在的中介变量，在未来研究中有待进一步挖掘。

4.6.3　环境动态性的调节作用

研究发现，环境动态性正向调节变革领导力对组织敏捷性及组织敏捷性对数字化转型绩效的影响过程。受到数字经济以及疫情的影响，建筑企业处于高速转型的动荡期，快速变化的市场环境在一定程度上影响着领导者的行为和决策。权变理论将领导力与客观环境相联系，基于这种关联，建筑企业领导者成为识别与感知外部环境变化的关键人物。动态性程度较高的环境对领导者的冒险精神以及环境变化的感知和应对能力提出了更高要求，高效的领导行为才能使外部环境变化对企业的消极影响得以减弱。因此，当环境动态性越来越高时，会倒逼领导者表现出更高水平的变革领导力，能够使领导者与成员达成更高的目标一致性，从而更高效地利用环境变化并进行业务流程的调整，即提高了组织敏捷性。换言之，环境动态性正向调节了建筑企业变革领导力对数字化转型绩效的影响。

此外，动态能力理论将转型战略实施过程中资源与能力的重构过程视为对动态环境的响应和匹配过程。在高度动荡的数字经济环境中，建筑企业更需要具备高水平的组织敏捷性以及识别市场变化，继而不断地调整其施工与运营流程、经营与服务模式以更好地响应和匹配外界环境，通过与数字化的融合更好地满足日益变化的顾客需求并有效应对数字经济带来的挑战，即提高了数字化转型绩效。换言之，环境动态性正向调节了建筑企业组织敏捷性对数字化转型绩效的影响。

变革领导力对建筑企业数字化转型绩效的影响研究
Chapter 5

第5章 建筑企业数字化转型绩效提升的多重组态路径分析

第4章已经采用结构方程模型方法对建筑企业数字化转型绩效的前因条件及其作用机制进行了实证分析，但都是以变量独立影响作用为基本假设，通过简单的线性回归分析重点关注变量之间的净效应。基于结构方程模型的实证分析对结果变量的解释虽具有一定的说服力，但显然忽视了多个前因条件共同作用时对结果变量的影响，未能够对变量间的复杂因果关系作出深层次的解释。模糊集定性对比分析法（fsQCA）认为某一结果的产生是多个变量的复杂组合作用，而产生这一结果的多因素组合构型或者路径并非单一。同时，fsQCA方法通过对某一结果产生和不产生的情况分别进行分析，能够充分考虑到传统研究方法所忽视的因果间的非对称性问题，即不会根据A→B成立的结论武断得出～A→～B一定成立的错误推断，而传统的回归分析方法忽视了这一点。因此，本章将进一步利用NCA与fsQCA相结合的方法对通过假设验证的前因变量之间的复杂关系进行研究，考察提高建筑企业数字化转型绩效的多种前因构型，打破传统回归方法的局限性，从整体视角对实证分析的结论进行补充。在此基础上，进一步提出提升建筑企业数字化转型绩效的对策建议，为战略决策者以及行业从业人员推动建筑企业数字化转型绩效提供理论参考。

5.1　变量选取与数据校准

由于变革领导力及其子维度、组织敏捷性及其子维度、环境动态性对建筑企业数字化转型绩效的影响已经在前面得到证实。因此，选取变革领导力中的四个子维度——德行垂范、愿景激励、个性化关怀和领导魅力和组织敏捷性的两个子维度——市场利用敏捷性和运营调整敏捷性以及环境动态性在内的共7个变量作为前因条件，取数字化转型绩效作为结果变量。取各个前因条件测量题项的平均值作为其初始赋值。

必要条件分析和模糊集定性比较分析的数据基础是模糊集隶属分数，而本书的变量数据均是基于李克特五点打分法获得的调研数据，因此需要依据三值集对数据进行校准。三值集给出了完全不隶属、交叉点和完全隶属三个定性转折点，据此，本书将最小打分值1设定为完全不隶属，打分值3设定为交叉点，打分值5设置为完全隶属。依据Ragin（2008）提出的模糊评分标准，三个定性转折点的模糊隶属分数分别为0.05、0.5和0.95。具体而言，就是让研究所涉及的所有连续变量按照原始值1、3、5分别设定在5%、50%和95%的基准，各前因条件的校准锚点具体见表5-1。为了得到相应的模糊集隶属度分数，本书使用fsQCA4.0软件中的calibrate函数对变量的所有数据进行转化。此外，在fsQCA软件的运算规则下，模糊隶属度为0.5的案例将不会被纳入分析，这将会导致案例的损失。为了避免这一情况，本书参照Fiss（2011）的做法对隶属度增加0.001常数。

表5-1　各变量的校准锚点

变量	完全不隶属	交叉点	完全隶属
VM	2.000	4.000	5.000
VI	2.200	4.000	5.000
IC	2.000	3.667	5.000
CL	2.200	3.900	4.900
MC	1.667	3.667	5.000
OAA	2.333	3.667	4.700
ED	2.200	3.800	4.600
DP	2.445	3.650	4.600

5.2 基于 NCA 的必要条件分析

在完成数据校准的工作后，需要使用 NCA 方法对结果产生的单个前因的必要性进行检验，以确定结果发生时该条件必然存在，并分析该前因条件在多大程度上是结果变量的必要条件。NCA 方法主要利用上限包络（CE）和上限回归（CR）计算效应量并绘制散点图以准确识别必要条件，其中 CE 更适用于离散变量和中小样本的分析，CR 更适用于连续变量和大样本的分析。由于本书的 7 个前因变量均为连续型变量，因此主要基于 CR 法的数据进行分析，同时以 CE 法的数据作为辅助。一般认为，效应量大于 0.1（$d>0.1$）且显著（$P<0.05$）即可判定为必要条件。本书使用 R 语言中的 NCA 包进行必要性分析，结果具体见表 5－2。由表 5－2 可知，各前因变量的必要性效应均小于 0.1，且 P 值均大于 0.05，说明所有前因变量均不能单独作为高数字化转型绩效的必要条件。

表 5－2　NCA 必要条件分析

前因变量	上限技术	精确度	上限区域	范围	效应量（d）	P 值
VM	CR	98.50%	0.033	0.893	0.037	0.432
	CE	100%	0.031	0.893	0.035	0.007
VI	CR	91.50%	0.09	0.922	0.098	0.066
IC	CR	95.50%	0.082	0.893	0.092	0.156
	CE	100%	0.054	0.893	0.060	0.000
CL	CR	98.50%	0.022	0.922	0.024	0.367
	CE	100%	0.028	0.922	0.031	0.007
MC	CR	98.50%	0.032	0.922	0.034	0.123
	CE	100%	0.035	0.922	0.038	0.001
OAA	CR	94.50%	0.069	0.931	0.074	0.129
	CE	100%	0.026	0.931	0.028	0.002
ED	CR	92.50%	0.051	0.922	0.055	0.151
	CE	100%	0.038	0.922	0.041	0.000

进一步绘制各前因条件的散点图以直观展示上述分析结果，图5-1分别展示了德行垂范（VM）、愿景激励（VI）、个性化关怀（IC）、领导魅力（CL）、市场利用敏捷性（MC）、运营调整敏捷性（OAA）和环境动态性（ED）的NCA散点图。

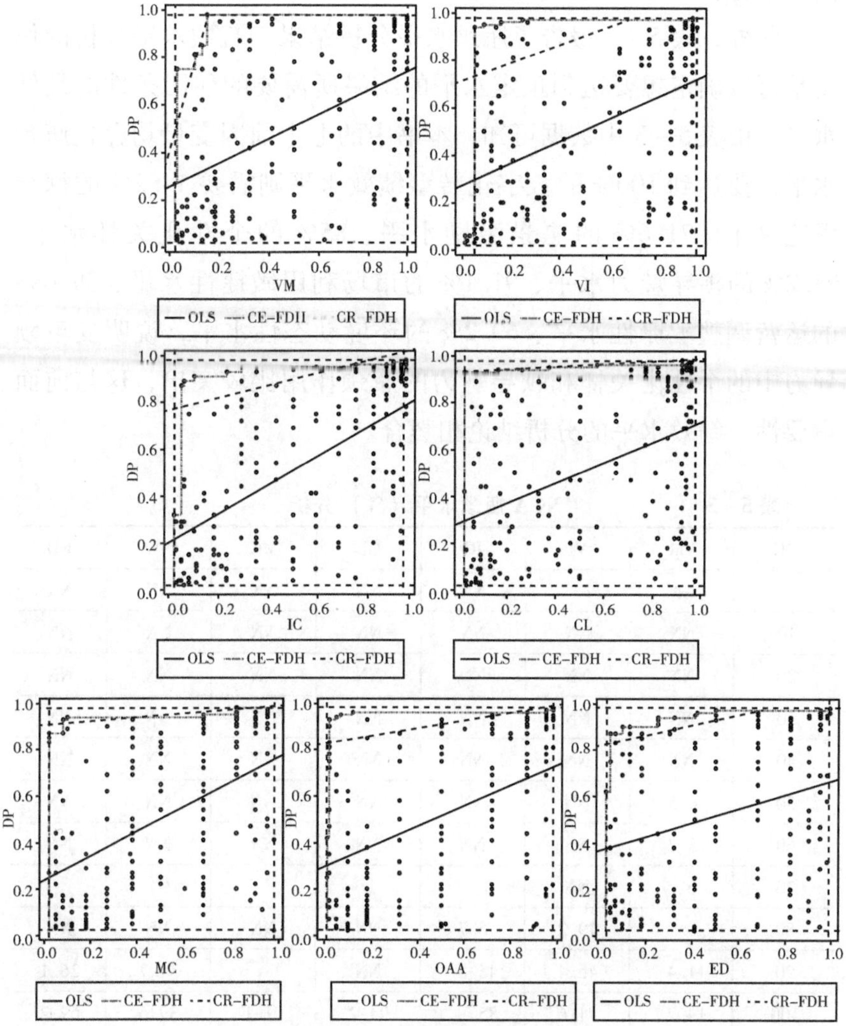

图5-1　各前因变量的散点图

观察图 5－1 可知，各前因变量的 NCA 散点图中左上角的空白区域均较小，说明当前因变量的水平比较低时，结果变量依然可以达到一个很高的水平。也就是说，要达到高水平的数字化转型绩效，各前因变量未必要达到高水平，即各前因变量均不是提高数字化转型绩效的必要条件。

此外，表 5－3 报告了瓶颈水平分析结果，瓶颈水平分析的作用是可以确定想要达到预定水平的结果所需要的前因条件的最低水平。由表 5－3 中数据可知，本书中的七个前因变量均存在瓶颈水平，要达到 100% 的数字化转型绩效水平则需要 14.2% 的德行垂范水平、71.6% 的愿景激励水平、85% 的个性化关怀水平、94.2% 的领导魅力水平、91.1% 的市场利用敏捷性水平、39.6% 的运营调整敏捷性水平、69.2% 的环境动态性水平，说明变革领导力中的个性化关怀和领导魅力的瓶颈作用比较突出，这与前面重要性—绩效水平的分析结论相契合。

表 5－3　NCA 瓶颈水平（%）分析

DC	VM	VI	IC	CL	MC	OAA	ED
0	NN	NN	NN	NN	NN	NN	NN
10	NN	NN	NN	NN	NN	NN	NN
20	NN	NN	NN	NN	NN	NN	NN
30	NN	NN	NN	NN	NN	NN	NN
40	NN	NN	NN	NN	NN	NN	NN
50	0.5	NN	NN	NN	NN	NN	NN
60	3.2	NN	NN	NN	NN	NN	NN
70	6	NN					
80	8.7	19.2	6.7	NN	NN	NN	NN
90	11.4	45.4	45.8	NN		34.7	26.1
100	14.2	71.6	85	94.2	91.1	39.6	69.2

注：①使用 CR 法分析；②“NN”代表不必要。

5.3　基于 fsQCA 的条件组态分析

5.3.1　基于 fsQCA 的必要条件检验

在前述讨论的基础上，使用 fsQCA 方法进一步检验 NCA 分析得出的结果。在 fsQCA 方法中对于必要条件的评判采用的是一致性值，一致性值以 0.9 作为临界，当高于 0.9 时，则认为前因条件是导致结果发生的必要条件。本书采用 fsQCA 4.0 软件检测单一前因条件的必要性，结果具体见表 5－4。由表 5－4 中的数据可知，所有前因变量的一致性水平最大为 0.826，均未超过 0.9 的标准，说明所有前因变量都不是提高数字化转型绩效的必要条件，即各前因变量对高数字化转型绩效的单独解释力度并不强，这与 NCA 分析结果一致，进一步强化了 NCA 分析结果的说服力，同时也表明有必要进一步探讨多种前因变量的组合作用效果。

表 5－4　　单项前因的必要性分析

前因变量	高数字化转型绩效	
	一致性	覆盖度
VM	0.805	0.802
~VM	0.445	0.480
VI	0.782	0.783
~VI	0.465	0.501
IC	0.799	0.790
~IC	0.465	0.507
CL	0.806	0.789
~CL	0.437	0.482
MC	0.826	0.795
~MC	0.458	0.515

续表

前因变量	高数字化转型绩效	
	一致性	覆盖度
OAA	0.820	0.796
~OAA	0.442	0.492
ED	0.686	0.714
~ED	0.560	0.579

注："~"代表逻辑运算中的"非"。

5.3.2 条件组态充分性分析

综合 NCA 必要条件分析与 fsQCA 一致性检验的结果，本书中的各前因变量没有任何一个是提高建筑企业数字化转型绩效的必要条件，其对高数字化转型绩效的单独解释力度并不强，因此应将所有前因变量均纳入前因组态的分析中。fsQCA 方法的关键内容是前因条件组合的充分性分析，即组态分析。进行组态分析的目的是试图解释多个前因条件的交互作用形成的多种前因构型对于产生结果变量的充分性，也就是探索何种前因条件的组态能够导致结果变量的必然发生。

组态分析主要基于真值表，而在通过 fsQCA 运算构建真值表的过程中，潜在的条件组合需要结合一定的指标进行筛选。频数阈值和一致性阈值（包括原始一致性阈值和 PRI 一致性阈值）就是学术界公认的筛选指标。频数是把从属于某个条件组合的案例数量作为筛选标准，当从属于某个条件组合的案例数量超过阈值时，可以确认该条件组合是结果变量产生的前因构型。频数阈值的设定需要参考样本数量，当样本数量较少时频数阈值取 1，若样本数量超过 100，则应该结合具体情况增加频数阈值。一致性是把某个条件组合对于结果变量的解释程度作为筛选标准，当解释程度高于阈值时，可以保留该前因构型。已有研究指出，一致性阈值应不小于0.75，一致性阈值达到0.8表示前因条件组合对结果变量的解释度较好，达到0.85表示解释度很好。同时，PRI一致性应高于0.75以避免矛盾组态的出现。综上所述，结合样本分布，本书最终确定频数阈值为2，原始一致性阈值为0.8，PRI一致性阈值为0.75。

进一步通过fsQCA 4.0软件的计算分析会得到三种不同类型的解：简约解、中间解与复杂解。简约解在标准化分析中纳入了所有逻辑余项，复杂解在分析过程中排除了所有逻辑余项，而中间解仅纳入符合理论和实际的逻辑余项。过往的主流研究在组态分析中主要依据中间解确定组态路径，同时以简约解作为确定核心条件与边缘条件的辅助手段。参照已有研究的做法，本书仅对简约解和中间解进行报告，具体见表5-5和表5-6。

表5-5　简约解结果

构型	原始覆盖度	净覆盖度	一致性
VI*IC*OAA	0.693	0.016	0.873
VI*IC*MC	0.597	0.006	0.900
VM*CL*OAA	0.616	0.003	0.907
OAA*ED	0.537	0.003	0.928
总体一致性	0.828		
总体覆盖度	0.868		

注："*"代表条件同时存在。

表5-6　中间解结果

构型	原始覆盖度	净覆盖度	一致性
VM*VI*CL*MC*OAA	0.517	0.012	0.936
VM*IC*CL*MC*OAA	0.529	0.055	0.941
VM*VI*MC*OAA*ED	0.466	0.032	0.941
VI*CL*MC*OAA*ED	0.451	0.016	0.950

续表

构型	原始覆盖度	净覆盖度	一致性
VI * IC * CL * ~MC * OAA * ~ED	0.248	0.021	0.951
VI * IC * ~CL * MC * OAA * ~ED	0.215	0.018	0.941
VM * VI * ~IC * CL * OAA	0.247	0.008	0.958
VM * VI * IC * CL * MC * ED	0.421	0.023	0.962
总体一致性	0.904		
总体覆盖度	0.710		

注：“*”代表条件同时存在；“~”代表条件缺失或处于低水平状态。

进一步利用简约解和中间解进行组态分析，同时出现在简约解和中间解中的前因则是核心条件，核心条件存在用符号“●”标注，缺失用符号“⊗”标注；仅出现在中间解中的前因则为边缘条件，边缘条件存在用符号“•”标注，缺失用符号“⊗”标注，空白表示条件存在与否均不影响结果的出现，详细分析结果具体见表5-7。由表5-7中的数据可知，研究共得到8个实现建筑企业高数字化转型绩效的组态构型，单个组态构型的一致性最小值为0.936且总体一致性为0.904，达到了一致性阈值为0.8的设置要求，说明本书的8个组态构型对实现建筑企业高数字化转型绩效均具有较高的解释力度。总体覆盖度为0.710，说明8个组态构型能够解释产生高数字化转型绩效71%的原因，本次研究结果具有较好的解释力和可信度。

表5-7　高数字化转型绩效的组态分析

前因变量	T1a	T1b	T1c	T2a	T2b	T3a	T3b	T3c
德行垂范	●	●	●	•				•
愿景激励	•		•	•	•	●	●	●
个性化关怀		•	⊗			●	●	●
领导魅力	●	●	●		•	•	⊗	•
市场利用敏捷性	•	•		•	•	⊗	●	●

续表

前因变量	T1a	T1b	T1c	T2a	T2b	T3a	T3b	T3c
运营调整敏捷性	●	●	●	●	●	●	●	
环境动态性				●	●	⊗	⊗	•
原始覆盖率	0.517	0.529	0.247	0.466	0.451	0.248	0.215	0.421
净覆盖率	0.012	0.055	0.008	0.032	0.016	0.021	0.018	0.023
一致性	0.936	0.941	0.958	0.941	0.950	0.951	0.941	0.962
总体覆盖率	0.710							
总体一致性	0.904							

5.3.3　实现高数字化转型绩效的配置构型分析

通过定性比较分析，本书共得到八种构型，通过观察发现，不同构型之间存在一定的相似之处，依据不同构型的核心条件组成可以将八种构型归纳为提升建筑企业数字化转型绩效的三种模式。

（1）模式 T1：榜样力量驱动型。

在构型 T1a（VM*VI*CL*MC*OAA）中，高德行垂范、领导魅力和运营调整敏捷性发挥了核心作用，高愿景激励和市场利用敏捷性发挥了辅助作用。该组态说明无关乎领导个性化关怀和环境动态性水平的高低，只要其具有较高的德行垂范、愿景激励和领导魅力水平，建筑企业具有高市场利用和运营调整敏捷性，就能够有效提高建筑企业的数字化转型绩效。具体而言，建筑企业的数字化转型是由上级至下属、由企业战略到组织成员的全面变革，对于建筑企业这种涉及技术工种较多的企业，员工对于数字化进程的驱动作用会更加明显。领导者崇高的道德情操和人格魅力在无形之中感染并影响着企业员工，在企业上下形成了榜样示范作用。一方面，这种无形的力量感染、教育并带动员工积极迎接数字化带来的挑战，对数字化战略及相关工作任务保持高度的热情和支持的态度；另一方面也提高了员工的信赖度和归属感，使其愿意追随和效仿领导以达成上下一致的价值观和目标，从而有利于数字化转型战略在企业上下的推行。在这种工作氛围下，员工也更容易接受领导者做出的资源与业务战略的调整，组织自然拥有了为应对数字化挑战所作出的战略与运营调整的灵活能力，进而推动数字化转型进程。

在构型 T1b（VM*IC*CL*MC*OAA）中，高德行垂范、领导魅力和运营调整敏捷性发挥了核心作用，高个性化关怀、市场利用敏捷性发挥辅助作用。该组态构型说明无关乎领导愿景激励和环境动态性水平的高低，只要其具有较高的德行垂范和领导魅力水平，建筑企业具有高市场利用和运营调整敏捷性，同样能够有效提高建筑企业的数字化转型绩效。该构型的原始覆盖率为52.9%，在所有构型中对实现高数字化转型绩效的解释力度最强。与构型 T1a 相比，该构型中以个性化关怀的辅助条件替代了构型 T1a 中的辅助条件愿景激励，无论是领导的个性化关怀行为还是愿景激励行为，都是领导宜人性的表现，能够增强上下级之间的互信度和员工完成数字化工作任务的效能感，进而对提高企业的数字化转型绩效起到一定的助推作用。

在构型 T1c（VM*VI*~IC*CL*OAA）中，高德行垂范、领导魅力和运营调整敏捷性发挥了核心作用，高愿景激励和低个性化关怀发挥了辅助作用。该组态构型说明无关乎建筑企业市场利用敏捷性和环境动态性水平的高低，即便是建筑企业领导者的个性化关怀水平较低，只要其具有较高的德行垂范、愿景激励和领导魅力水平，企业具有高运营调整敏捷性，也能够驱动建筑企业的数字化转型。该构型与前两个构型的区别之处主要在于缺少了市场利用敏捷性的辅助作用，说明其作为辅助条件，对高数字化转型绩效是否产生并未造成过多影响。

综上所述，构型T1a、T1b和T1c均以德行垂范、领导魅力和运营调整敏捷性为核心条件，因此将三种构型归为同一模式T1，称为榜样力量驱动型。

（2）模式T2：动态环境驱动型。

在构型T2a（VM*VI*MC*OAA*ED）中，高运营调整敏捷性和环境动态性发挥了核心作用，高德行垂范、愿景激励和市场利用敏捷性发挥了辅助作用。该组态构型说明无关乎领导个性化关怀和领导魅力水平的高低，只要其具有较高的德行垂范和愿景激励水平，建筑企业具有高市场利用和运营调整敏捷性并处于高度动荡的环境中，就能够有效提高建筑企业的数字化转型绩效。根据动态能力理论，企业不仅要关注内部运营流程，也要重视与外部动态环境的匹配，强调企业内外部资源的相互协作。建筑企业所处环境的剧烈变化是企业寻求数字化商业模式提高竞争优势的催化剂，通过敏捷的市场信息利用及运营调整能力实现对顾客数字化需求的把握、对行业先进数字技术和数字化发展方向的感知、对竞争对手数字化优势的内化，同时在具备高尚道德品质的领导者的影响下，企业全员效仿领导者为实现这一过程共同努力，进而提高建筑企业的数字化转型绩效。

在构型T2b（VI*CL*MC*OAA*ED）中，高运营调整敏捷性和环境动态性发挥了核心作用，高愿景激励、领导魅力和市场利用敏捷性发挥了辅助作用。该组态构型说明无关乎领导德行垂范和个性化关怀水平的高低，只要其具有较高的愿景激励和领导魅力水平，建筑企业具有高市场利用和运营调整敏捷性并处于高度动荡的环境中，同样能够有效提高建筑企业的数字化转型绩效。与T2a构型相比，该构型中以领导魅力完全替代了德行垂范，而两者均能够在企业上下形成模范作用，以强大的感召力实现“以人为本”的转型。

综上所述，构型T2a和T2b均以运营调整敏捷性和环境动态性为核心条件，因此将两种构型归为同一模式 T2，称为动态环境驱动型。

（3）模式 T3：关怀激励驱动型。

在构型 T3a（VI*IC*CL*~MC*OAA*~ED）中，高愿景激励、个性化关怀和运营调整敏捷性发挥了核心作用，高领导魅力、低市场利用敏捷性和环境动态性发挥了辅助作用。该组态构型说明无关乎领导德行垂范水平的高低，即便是建筑企业市场利用敏捷性及其所处环境的动态性水平较低，只要领导者具有较高的愿景激励、个性化关怀和领导魅力水平，企业具有高运营调整敏捷性，就能够有效提高建筑企业的数字化转型绩效。具体而言，建筑企业的建设项目往往涉及复杂的利益相关者关系，项目建设程序冗杂，在数字化战略的推行过程中往往会由于成员的价值观和立场不同而产生冲突，进而导致数字化战略的实施受到阻碍。而领导者的个性化关怀行为能够深刻了解不同层级利益相关者的内在需求，进而实施有针对性的愿景激励，提高项目团队的凝聚力和效能感，并在领导者个人魅力熏陶的协同作用下，削弱各个层级对数字化变革的抵触情绪，保证数字化战略顺利推行。另外，建筑企业对业务流程的灵活调整能够有效应对数字化战略实施过程中的潜在风险。因此，领导者的关怀、激励、魅力熏陶与企业敏捷的运营调整能力相结合，分别从事前预防和事中调整两个层面协同驱动建筑企业数字化转型绩效的提升。

在构型 T3b（VI*IC*~CL*MC*OAA*~ED）中，高愿景激励、个性化关怀、市场利用敏捷性和运营调整敏捷性发挥了核心作用，低领导魅力和环境动态性发挥了辅助作用。该组态构型说明无关乎领导德行垂范水平的高低，即便是其领导魅力和建筑企业所处环境的动态性水平较低，只要领导者具有较高的愿景激励和个性化关怀水平，建筑企业具有高市场利用和运营调整敏捷性，同样能够有效提高建筑企业的数字化转型绩效。该构型与 T3a 的区别在于领导魅力与市场利用敏捷性在该构型中的作用效果发生了互换，强调市场利用敏捷性的核心作用。与 T3a 相似，在利用领导者的关怀激励行为消除抵触情绪的同时，通过对市场变化信息和资源的及时感知与利用，更快识别数字化发展机遇和挑战，进一步在敏捷的业务调整能力的加持下利用机遇并应对挑战，从而实现数字化转型绩效的提升。

在构型 T3c（VM * VI * IC * CL * MC * ED）中，高愿景激励、个性化关怀和市场利用敏捷性发挥了核心作用，高德行垂范、领导魅力和环境动态性发挥了辅助作用。该组态构型说明无关乎建筑企业运营调整敏捷性的高低，其他五个条件均达到较高水平时，可以有效提高建筑企业的数字化转型绩效。该构型与 T3a 和 T3b 最明显的区别在于缺少了运营调整敏捷性的核心驱动作用，与 T3b 相似，领导者的关怀激励行为有效提高了成员对于数字化战略的认知一致性和主观能动性，即使企业不具备敏捷的业务流程调整能力，领导者和成员也会在捕获到机遇与挑战时调用自己的人际关系和社会网络主动学习优势企业的相关经验，同样能够推动本企业的数字化转型进程。

综上所述，构型 T3a 和 T3b 均以愿景激励、个性化关怀和运营调整敏捷性为核心条件，因此将两种构型归为同一模式 T3，称为关怀激励驱动型。构型 T3c 的核心条件未包含运营调整敏捷性，但结合构型 T3b 的核心条件可知，如果满足了构型 T3b 的核心条件，则构型 T3c 的核心条件也一定会满足，即构型 T3b 完全覆盖了 T3c。因此，将构型 T3c 也归为模式 T3。

5.4　稳健性检验

为了验证组态分析结果的稳健性，本书通过调整一致性阈值再次进行组态分析，将一致性阈值由0.8调高至0.85，检验结果具体见表5－8。由表5－8可知，提高一致性阈值后得到的前因构型与原组态分析结果相比，只有一些辅助条件变为核心条件，各构型以及整体的一致性和覆盖率均未发生变动。据此，调整一致性阈值后得到的组态与原组态基本一致，说明本书中组态分析的结果具有较强的稳健性。

表5－8　　调整一致性阈值的检验结果

前因变量	T1			T2		T3		
	T1a	T1b	T1c	T2a	T2b	T3a	T3b	T3c
VM	●	●	●	●				●
VI	●		●	●	●	●	●	●
IC		●	⊗			●	●	●
CL	●	●	●		●	●	⊗	●
MC	●	●		●	●	⊗	●	●
OAA	●	●	●	●	●	●	●	
ED				●	●	⊗	⊗	•
原始覆盖率	0.517	0.529	0.247	0.451	0.466	0.248	0.215	0.421
净覆盖率	0.012	0.055	0.008	0.016	0.032	0.021	0.018	0.023
一致性	0.936	0.941	0.958	0.950	0.941	0.951	0.941	0.962
总体覆盖率	0.710							
总体一致性	0.904							

第6章　建筑企业数字化转型绩效提升对策

在前面影响机制的分析过程中，证明了变革领导力及其子维度、组织敏捷性及其子维度和环境动态性对数字化转型绩效的独立影响作用，并发现当前在建筑企业中个性化关怀和领导魅力的积极效果并未得到充分发挥。进一步通过组态效应分析，本书基于整体视角提出了促进建筑企业数字化转型绩效提升的三种主要模式：榜样力量驱动型、动态环境驱动型和关怀激励驱动型，说明德行垂范与领导魅力、愿景激励与个性化关怀的协同作用更应该引起重视，而这需要领导者个人和建筑企业共同付诸努力。此外，环境动态性与运营调整敏捷性的耦合作用也应引起关注，且运营调整敏捷性在 7 种高数字化转型绩效的配置构型中均发挥了核心作用。事实上，这两大因素分别依靠政府（环境动态性）和建筑企业（运营调整敏捷性）推动实现。综上所述，本书综合考虑影响机制分析的研究结果以及三种转型绩效提升模式，提升建筑企业数字化转型绩效的对策建议也依托领导者个人、建筑企业和政府三大主体来制定。

6.1 领导者个人层面对策

6.1.1 重视强化自身品德素养和个人魅力

工程项目作为建筑企业的主营业务，往往涉及众多参与者，且参与人员的异质性较大，企业上下一致的数字化目标和价值观难以形成。依据第 4 章的分析结果，德行垂范和领导魅力对建筑企业的数字化转型绩效均具有正向影响作用，同时，组态分析得到的榜样力量驱动型绩效提升模式进一步说明德行垂范与领导魅力的耦合作用能够促进上下一致的数字化目标和价值观的形成。因此，建筑企业领导者在管理实践中要不断提升自身品德素养和个人魅力，通过“软实力”与“硬技能”的配合并行形成榜样示范作用，引领员工主动学习数字技术与知识、为业务战略的调整集体决策，以提高数字化转型绩效。具体可以从以下两个方面落实：在德行垂范方面，建筑企业领导应该以集体利益为目标，在发起与推动数字化举措时以身作则，以高道德标准严格约束自己，并时常对自己的行为进行自省与调整，以“软实力”赢得员工的尊重与信赖，保障数字化战略的贯彻执行；在个人魅力方面，建筑企业领导者应树立终身学习意识，通过自主学习、参加培训和参加建筑业数字化转型会议等多种途径不断吸收和学习先进数字化理论与知识，掌握专业知识与数字化技能，在提高胜任能力的同时以“硬技能”赢得员工的信服与效仿，促进上下一致的数字化目标的形成。

6.1.2　关注员工需求和特质，定制个性化关怀和激励方案

在工程建设过程中实施重大数字化变革，不仅要求建筑企业具备一定的数字技术和资源基础，更重要的是将数字化转型理念渗透到企业各个层级、项目建设的全生命周期过程中，以实现自上而下的转型，这就需要建筑企业领导发挥指导、宣传和感召的重要作用。由第 4 章的研究结果可知，个性化关怀和愿景激励作为领导宜人性的表达，能够有效促进建筑企业数字化转型绩效的提升。同时，组态分析得到的关怀激励驱动型绩效提升模式进一步说明充分发挥个性化关怀和愿景激励的耦合作用有利于数字化理念的推行和渗透。因此，领导者要通过有针对性地实施情感关怀与愿景激励，提高员工的主人翁意识和归属感，组建高凝聚力团队迎接数字化挑战，从而促进数字化转型绩效水平的提升。一方面，建筑企业领导应时常与员工沟通交流，深刻了解员工的个人需求和特质，根据不同员工的特点对其在数字化工作和家庭生

活等方面的困难予以支持和关心。例如，对于有数字化技能提升需求的员工，可以给予一定的资金支持，助力员工进行数字化技能的学习以高效开展数字化工作；对于家庭生活中存在困难的员工，可以深入走访其家庭，解决家属的困难从而消除员工的后顾之忧，使其全身心投入数字化工作中。另一方面，结合员工的个人需求构建数字化发展愿景，有针对性地描绘数字化发展给个人带来的好处，并制订个性化的职业发展规划，激励员工对数字化工作保持高度热情。

6.2　建筑企业层面对策

6.2.1　组建德才兼备的领导团队

榜样力量驱动型模式是提升建筑企业数字化转型绩效的一个重要模式，该模式的核心是通过领导者高尚的道德品质和强大的个人魅力形成榜样示范作用，使员工认同并追随领导积极主动地投入数字化转型工作中。以此为突破不仅需要领导者个人的重视，建筑企业建立健全领导选拔、培养与考核机制更是从根源上把控领导者道德素养和数字素养水平的关键。具体而言，在最初选聘领导者时，应结合德行垂范与领导魅力综合制定选拔与考核标准，重点从数字化技能、数字化知识、目标管理、创新意识等多个方面判断应聘者或参选者是否具备胜任数字冠军的能力；在培养和发展领导者时，定期开展先进数字技术与知识普及、人文素养相关的主题讲座，因人而异定制个性化培训方案，促进领导者德行垂范与领导魅力水平的提升；在后续监督与考核管理者时，将道德素养与人格魅力的考核贯穿于建筑企业经营与工程项目建筑建造过程中，由企业员工和工程项目参与者以打分的形式实施定期评价，发现问题并及时整改，同时设置一定的奖惩机制推动领导者道德素养与人格魅力的提升。

6.2.2　定期组织文娱活动，拉近上下级关系

关怀激励驱动型模式是提升建筑企业数字化转型绩效的又一重要模式，该模式的核心是通过对员工的个性化关怀和愿景激励增强整个项目团队开展数字化工作的凝聚力和效能感，进而提升数字化转型绩效。以此为突破同样需要建筑企业营造亲密的上下级关系。而建筑企业内的上下级尤其是工程项目团队中的上下级，往往是由于项目任务结合项目组织结构形成的临时上下级关系。因此，相比于其他行业，建筑企业更应该重视消除上下级之间的距离感，通过定期组织聚餐、体育竞技、数字化技能竞技等文娱活动，为员工与领导提供一个工作之外的交流机会，营造轻松自然的交流环境，在满足员工精神需求的同时又有利于增进领导与员工之间的亲近关系，进而有利于领导了解员工，提高数字化工作的推进与执行效率。

6.2.3　切实提升组织敏捷性

第 4 章的研究结果证明了组织敏捷性在变革领导力与数字化转型绩效之间的部分中介作用，同时运营调整敏捷性又是 7 种高数字化转型绩效组态构型的核心要素，建筑企业应该通过增强运营调整敏捷性并配合市场利用敏捷性促进数字化转型绩效的提升，可以重点从以下几个方面进行。

（1）构建以自身为核心的数智联营关系网络。首先建筑企业需要明确自身在行业市场所处的地位以及在数字化转型过程中的优劣势，对自身所需要的资源和所能提供的资源精准把握并合理

规划，在此基础上，筛选与自身相匹配的不同类别的合作主体（业主、政府、供应商、分包商以及咨询机构等）组建数智联营体，通过联营体之间的网络关系进行信息与资源的互换、共享与互补，实现运营调整敏捷性的提升。

（2）建立灵活、多变的组织结构。无论是建筑企业还是工程项目，其组织结构都极其复杂。尤其是当建筑企业进行了一段时期的规模扩张后，组织结构日渐冗余，这不仅影响了管理效率，也拖慢了数字技术和信息的传递效率，进而对环境变化及风险的应变能力、对战略调整的速度产生消极影响。因此，应当适当简化建筑企业管理层级，提高企业内部数字知识和数字信息的流动效率，同时，冲破组织内部壁垒，通过跨部门协作激发数字创造力，集思广益提出业务流程调整方案，更好地应对数字化转型升级的挑战和风险，促进市场利用敏捷性和运营调整敏捷性的综合提升。

（3）构建全方位信息收集与风险防御体系。首先，在建筑企业内搭建以 BIM 为核心的建管运平台作为数据收集与分析的工具，能够实现相互串联的建设任务之间的数据贯通，既能有效推动数字技术在建筑企业的实践运用又能提高建筑企业全价值链业务协同的效率，进而提升运营调整敏捷性；其次，成立专门的信息搜寻与风险防御部门，借助以 BIM 为核心的建管运平台负责面向市场和业主及时掌握数字经济环境的变化信息（包括行业数字化发展方向、竞争对手的数字化战略行动、业主的数字化体验需求与反馈等），促进市场利用敏捷性的提升。

6.3 政府层面对策

本书证实了环境动态性对提高建筑企业组织敏捷性和数

字化转型绩效的“催化剂”作用，在当下提升数字化转型绩效水平方面具有出色的表现，同时也是动态环境驱动型绩效提升模式的核心要素。由此可见，保持建筑行业外部环境活力是推动建筑企业数字化转型的前提。目前，建筑企业数字化转型正处于瓶颈期，且这一阶段的周期较长，不能单独依靠个人或建筑企业的努力去推动，只有充分发挥政府的调控作用，从技术、竞争和政策环境方面入手保持外部环境活力，才能最大限度地发挥变革领导力与组织敏捷性对数字化转型绩效的积极作用。

（1）加强智能建造技术攻关和示范应用，保持技术环境活力。一方面，通过设立专项资金支持科研机构开展智能建造技术开发工作；另一方面，构建奖励机制促进新兴智能建造技术在企业经营、建筑建造过程中的应用实践，在实践中进行更新探索，打造技术循环更新体系，为维持技术环境活力提供保障。

（2）实施差异化发展战略，保持竞争环境活力。政府要通过针对不同资源水平的建筑企业实施不同的发展策略，打造良性竞争氛围，从而保持竞争环境活力。例如，对于大型国有建筑企业，助力其成为数字化应用试点，向其竞争企业施加适度压力；对于资源水平不足的小微建筑企业而言，可以通过技术和资金的双重支持，鼓励其对单个数字技术应用和探索。

（3）加快数字化标准体系的完善和政策更新，保持政策环境活力。首先，政府部门应充分发挥监管主体的作用，进一步完善项目建设活动中数字技术的应用和验收评估标准，加快数据安全保障标准的编制和推广，实现对企业数字化转型方向的规范和把控，使建筑企业数字化转型有据可依，在向标准数字化建筑市场的转变过程中最大限度地消除建筑企业“不敢转”

“不会转”的困惑；在此基础上，强化政策法规的更新与宣传，根据建筑行业数字化的实际情况，及时更新相关政策条款与技术标准，针对不同企业数字化战略实施过程中的痛点提供靶向政策支持并定期组织交流会议在建筑企业中进行宣传，提升政策环境动态性。

第7章　结论与展望

7.1 研究结论

本书聚焦于建筑企业数字化转型进程缓慢这一现实问题，重点关注如何通过内外部手段的结合促进建筑企业数字化转型绩效的提升。在搭建“资源基础—动态能力—数字化转型绩效”底层逻辑分析框架的基础上，基于高阶理论、动态能力理论和权变理论构建本书的理论模型，利用偏最小二乘法、必要条件分析与模糊集定性比较分析相结合的方法对研究问题展开实证分析，得出如下研究结论。

（1）构建了“资源基础—动态能力—数字化转型绩效”的底层逻辑分析框架。结合建筑行业数字化转型的现状，分析出关键研究问题，并结合大量的文献阅读基于动态能力理论的“3P”分析框架搭建契合研究问题的“资源基础—动态能力—数字化转型绩效”底层逻辑分析框架，进一步结合高阶理论和权变理论构建了动态环境作用下的变革领导力对建筑企业数字化转型绩效影响的理论模型。

（2）分析了建筑企业变革领导力对数字化转型绩效的影响机制。利用 SmartPLS 4.0 软件对所构建的理论模型进行实证分析，探讨建筑企业变革领导力对数字化转型绩效的影响机制及边界条件。首先，建筑企业变革领导力及其四个子维度正向影响数字化转型绩效；其次，组织敏捷性及其两个子维度在变革领导力与数字化转型绩效之间起部分中介作用，但单一子维度的中介效果较小；最后，环境动态性正向调节建筑企业变革领导力与组织敏捷性、组织敏捷性与数字化转型绩效之间的关系。

（3）识别了实现建筑企业高数字化转型绩效的多重组态路径及三种绩效提升模式。利用 NCA 与 fsQCA 相结合的方法对组织内部变革领导力、敏捷性以及外部动态环境因素进行组态效应研究，得到了驱动建筑企业数字化转型绩效提升的三种模式下的8个前因构型，具体为榜样力量驱动型模式："德行垂范 * 愿景激励 * 领导魅力 * 市场利用敏捷性 * 运营调整敏捷性""德行垂范 * 个性化关怀 * 领导魅力 * 市场利用敏捷性 * 运营调整敏捷性""德行垂范 * 愿景激励 * ~个性化关怀 * 领导魅力 * 运营调整敏捷性"；动态环境驱动型模式："德行垂范 * 愿景激励 * 市场利用敏捷性 * 运营调整敏捷性 * 环境动态性""愿景激励 * 领导魅力 * 市场利用敏捷性 * 运营调整敏捷性 * 环境动态性"；关怀激励驱动型模式："愿景激励 * 个性化关怀 * 领导魅力 * ~市场利用敏捷性 * 运营调整敏捷性 * ~环境动态性""愿景激励 * 个性化关怀 * ~领导魅力 * 市场利用敏捷性 * 运营调整敏捷性 * ~环境动态性""德行垂范 * 愿景激励 * 个性化关怀 * 领导魅力 * 市场利用敏捷性 * 环境动态性"。

（4）提出了提升建筑企业数字化转型绩效的对策建议。根据影响机制分析的结果，结合组态分析得出的建筑企业数字化转型绩效的提升模式，提出相应的对策建议，为政府、建筑企业以及领导者个人提供实践指导，以全面提升建筑企业数字化转型绩效和市场竞争力，进而提升建筑业的数字化水平，平稳、高效地推动建筑业转型升级。

7.2 研究不足与未来展望

本书丰富了建筑企业数字化转型的相关研究并且对传统建筑企业的数字化转型具有一定的指导意义，但受到个人能力和资源的限制，仍然存在以下几个不足之处。

（1）研究设计方面存在局限性。首先，本书在问卷设计过程中结合建筑行业的特点对量表题项进行了修改，但其适用性仍有待考量。未来应该采用扎根理论等方法开发并完善相关量表，加强建筑业行业特点的体现。其次，建筑企业数字化转型是一个复杂持续的过程，本书采用问卷调查法收集的数据为某一时点的静态截面数据，忽视了数字化转型过程与外部环境动态变化的特点。在未来研究中可以通过跟踪调研的方式获取时间序列数据进行纵向分析，并尝试结合动态 QCA 方法探讨不同时期内多要素的耦合模式、共演化规律以及不同时期间轨迹的变化，以深入分析不同时期数字化转型绩效的提升模式，增加实证结果的可靠性和准确性。

（2）变革领导力对建筑企业数字化转型绩效的作用机制与边界条件的探索存在局限性。本书基于动态能力理论引入组织层面的组织敏捷性这一中介变量，验证了组织敏捷性在建筑企业变革领导力对数字化转型绩效影响过程中的部分中介作用。部分中介作用并非一种不理想的结果，也从侧面反映出在变革领导力与数字化转型绩效之间存在其他潜在的中介变量，在未来研究中可以进一步深入挖掘组织层面的其他变量、个人心理层面的变量等来深化对这一路径的解释。此外，本书仅考虑了环境动态性这一权变因素，未考虑组织内部的边界因素，如组织文化、领导个人心理层面的变化和特点，未来可以从组织内部深入挖掘影响建筑企业变革领导力对数字化转型绩效作用机制的边界条件。

附录：调查问卷

变革领导力对建筑企业数字化转型绩效的影响机制研究

尊敬的先生/女士：

您好！真诚地感谢您在百忙之中抽出时间参与本次问卷调研。本次调研旨在研究变革领导力对建筑企业数字化转型绩效的影响，为我国建筑业产业转型升级提供真实可靠的数据支持。结合研究内容和建筑业数字化转型的特点，本研究认为变革领导力是领导者在数字化转型情境下所表现出来的组织水平，领导者既能够通过高水平的理想和道德价值观与员工建立长期稳定的情感承诺关系，激发员工的潜能，进而使组织内的员工都能为实现共同的数字化转型愿景而努力，又能够具备一定的数字化素养和前瞻性视角。本问卷采用不记名形式，调查结果仅用于学术研究，个人资料部分系为统计分析之用，您提供的信息将被严格保密，答案没有对错之分，请您根据企业的实际情况认真填写。

您的回答对我们的研究来说非常重要，感谢您的支持与配合！

第一部分　基本信息统计

1. 您的性别

   A. 男

   B. 女

2. 您的年龄

   A. 25 岁及以下

   B. 26～35 岁

C. 36～45 岁

D. 46～55 岁

E. 56 岁及以上

3. 您的受教育程度

A. 高中/中专及以下

B. 大专

C. 本科

D. 硕士研究生

E. 博士研究生及以上

4. 您目前在企业担任的职务

A. 公司领导团队

B. 公司部门经理或副经理

C. 公司部门员工

D. 项目领导团队

E. 项目部门负责人

F. 项目员工

5. 您目前所在企业的成立年限

A. 10 年及以下

B. 11～20 年

C. 21～30 年

D. 31 年及以上

6. 您目前所在企业的性质

A. 国有企业

B. 民营企业

C. 外资企业

D. 其他

7. 您目前所在企业的规模

A. 100 人及以下

B. 101~500 人

C. 501~1000 人

D. 1001 人及以上

8. 您在目前所在企业的工作年限

A. 5 年及以下

B. 6~10 年

C. 11~15 年

D. 16 年及以上

9. 您认为在数字化转型的管理和实施过程中存在哪些问题？

第二部分 问卷

1. 变革领导力：以下是您对于上级领导的描述，请您依据工作经历和真实感受在与以下陈述内容相符合的选项下打“√”。

	非常不同意	不同意	一般	同意	非常同意
德行垂范					
领导廉洁奉公，不牟取私利					
领导吃苦在前，享受在后					
领导不计较个人得失，尽心尽力工作					
领导把个人利益放在集体和他人利益之后					
愿景激励					
领导能让员工了解组织的发展前景					
领导能让员工了解组织的经营理念和数字化转型的目标					
领导会向员工解释完成数字化转型工作任务的长远意义					
领导常常激励我们为实现组织的数字化转型目标而共同努力					

续表

	非常不同意	不同意	一般	同意	非常同意
领导向员工提供了清晰的数字化转型愿景					
领导魅力					
领导有创新施工工艺和运营模式的能力					
领导者了解最新的数字技术及其特性					
领导能够适应数字化转型引发的工作流程的变化					
领导能够考虑客户对数字流程的期望和愿望					
领导具有较强的创新意识和冒险精神，允许试错和创新					
领导能够意识到企业数字化变化的潜力和紧迫性					
领导者对数字化转型所需的结构和流程有清晰的认识					
领导很热爱自己的工作，具有较强的事业心和进取心					
领导对工作非常投入，并对数字化转型保持高度的热情					
领导能不断学习数字化技术，提高数字化认知					
个性化关怀					
领导会根据员工的实际情况与其打交道					
领导者会在考虑所有成员的数字化转型信念之后采取相关行动					
领导愿意帮助员工解决数字化工作或家庭生活方面的难题					
领导能经常与员工沟通交流，以了解员工的工作、生活和家庭情况					
领导关心员工的生活、工作和发展，真诚地为员工个人发展提建议					
领导注重创造条件以支持员工使用数字程序或数字工作方法					

2. 组织敏捷性：以下是关于企业组织敏捷性现状的描述，请您根据工作经历和真实感受在与以下陈述内容相符合的选项下打“√”。

	非常不同意	不同意	一般	同意	非常同意
运营调整敏捷性					
本企业可以快速响应客户和政府的个性化需求，并且客户和政府对企业的这项能力也很有信心					
面对市场需求的变化，我们企业可以快速调整生产、工艺和服务					
本企业可以迅速联系上替代供应商并作出内部调整以应对数字化转型过程中供应中断的问题					
市场利用敏捷性					
本企业可以迅速制定合适的决策并执行以应对市场、政府和客户的变化					
本企业能够不断探寻重新改造或设计组织的方法从而更好地服务于市场					
本企业能够将数字化转型引起的市场变化视为获利的机会并迅速加以利用					

3. 环境动态性：以下是关于企业所处环境动态性的描述，请您根据工作经历和真实感受在与以下陈述内容相符合的选项下打“√”。

	非常不同意	不同意	一般	同意	非常同意
建筑行业的数字技术发展及其推广应用速度很快					
建筑行业发展变化迅速					
建筑行业市场中的顾客对产品和服务的需求偏好变化快					
建筑行业的政策法规调整频繁					
本企业竞争对手的行为变化快					

4. 数字化转型绩效：以下是关于企业数字化转型绩效现状的描述，请您根据工作经历和真实感受在与以下陈述内容相符合的选项下打“√”。

	非常不同意	不同意	一般	同意	非常同意
数字文化					
本企业领导层具有数字愿景，并在企业内部和外部清晰地传达					
本企业领导层支持数字战略并在日常工作中执行					
本企业制定了与数字化转型相关的企业战略					
本企业对数字技术应用和管理的相关人才及其教育培训的投入充足，积极引导员工适应数字化转型					
本企业员工很支持公司进行数字化转型的决策，并会积极履行数字化转型的相关任务					
本企业鼓励跨职能团队协作的工作方式					
数字技术					
本企业能够利用计算机辅助技术（如CAD、CAE、CAM、CAPP等）、虚拟现实等数字技术实施项目的可视化管理					
在建设项目实施过程中使用自动化较高的生产设备或数字化建造平台					
本企业善于利用数字化采购平台、供应商协作平台等实现原材料采购					
本企业解决了由数字技术驱动的多个应用软件的兼容性问题					
本企业具备数字技术研发的专业人才或团队					
数字能力					
本企业能够将数字化转型过程中的经验教训反馈到数字战略中					

续表

	非常不同意	不同意	一般	同意	非常同意
本企业能够利用合作伙伴的数字化技术推动本公司的数字化转型					
本企业能够利用客户的反馈信息推动数字化设计和开发					
本企业拥有适当的资源用于数字化转型战略、治理和执行					
本企业能够承担数字化转型过程中的可预测的风险					
价值创造					
本企业利用数字技术实现了建筑全寿命周期的资源整合，提高了资源利用率					
本企业利用数字技术或平台实现了与外部合作伙伴的密切联系					
本企业建立了企业或项目层面的创新活动流程					
本企业利用数字技术收集客户个性化数据，为客户提供数字化服务，满足了客户的需求，提高了客户满意度					

问卷到此结束，感谢您的作答。

参 考 文 献

[1] 曾德麟，蔡家玮，欧阳桃花．数字化转型研究：整合框架与未来展望［J］．外国经济与管理，2021，43（5）：63－76.

[2] 曾萍，黄紫薇，汪金爱．政治关联与商业模式创新：吸收能力的调节效应［J］．科研管理，2020，41（4）：151－159.

[3] 陈春花．传统企业数字化转型能力体系构建研究［J］．人民论坛·学术前沿，2019（18）：6－12.

[4] 陈国权，王婧懿，林燕玲．组织数字化转型的过程模型及企业案例研究［J］．管理评论，2021，33（11）：28－42.

[5] 陈国权，王晓辉．组织学习与组织绩效：环境动态性的调节作用［J］．研究与发展管理，2012，24（1）：52－59.

[6] 陈劲，杨文池，于飞．数字化转型中的生态协同创新战略——基于华为企业业务集团（EBG）中国区的战略研讨［J］．清华管理评论，2019（6）：22－26.

[7] 程昶瑜．环境动态性、资源拼凑与企业颠覆式创新绩效［D］．广州：华南理工大学，2021.

[8] 池毛毛，叶丁菱，王俊晶，等．我国中小制造企业如何提升新产品开发绩效——基于数字化赋能的视角［J］．南开管理评论，2020，23（3）：63－75.

[9] 董华，夏淼．大数据驱动下克服制造企业“服务化悖论”的新思路——基于组织敏捷性的视角［J］．经济论坛，2020（7）：47－58.

[10] 杜运周，贾良定．组态视角与定性比较分析（QCA）：管理学研究的一条新道路［J］．管理世界，2017（6）：155－167．

[11] 杜运周，李佳馨，刘秋辰，等．复杂动态视角下的组态理论与QCA方法：研究进展与未来方向［J］．管理世界，2021，37（3）：12－13，180－197．

[12] 郭云武．中小企业数字化转型双维能力与绩效关系研究［D］．杭州：浙江大学，2018．

[13] 焦豪，杨季枫，王培暖，等．数据驱动的企业动态能力作用机制研究——基于数据全生命周期管理的数字化转型过程分析［J］．中国工业经济，2021（11）：174－192．

[14] 康芸．加快传统产业企业数字化转型［J］．宏观经济管理，2022（6）：82－90．

[15] 李超平，时勘．变革型领导的结构与测量［J］．心理学报，2005（6）：97－105．

[16] 李慧巍．后疫情时期中小制造企业数字化转型及其绩效研究——浙江绍兴地区的调查［J］．河北企业，2022（2）：68－70．

[17] 李孟原，陈晓荣．互联网情境下制造企业转型升级绩效的影响因素体系研究——基于DEMATEL方法［J］．上海管理科学，2019，41（4）：67－74．

[18] 李芮．BIM驱动的建筑业企业数字化转型与服务创新绩效影响机制［D］．西安：长安大学，2020．

[19] 林永民，赵爽，陈洪新．基于物联网技术的建设项目全寿命信息管理研究［J］．电子商务，2013（8）：43－44．

[20] 刘钢．变革型领导与员工角色行为：一个多步多重中介模型［J］．商业研究，2020（6）：144－152．

[21] 卢艳秋，赵彬，宋昶．决策逻辑、失败学习与企业数字化转型绩效［J］．外国经济与管理，2021，43（9）：68－82．

[22] 马鸿佳，王亚婧．大数据资源对制造企业数字化转型绩效的影响研究 [J]．科学学研究，2023：1－15.

[23] 马赛，李晨溪．基于悖论管理视角的老字号企业数字化转型研究——以张弓酒业为例 [J]．中国软科学，2020 (4)：184－192.

[24] 孟凡生，赵刚．中国制造企业创新柔性与智能化转型关系的实证研究——基于商业模式创新和环境动态性的中介调节效应 [J]．预测，2018，37 (6)：1－8.

[25] 孟慧，宋继文，徐琳，等．中国情境下变革型领导的内涵与测量的再探讨 [J]．管理学报，2013，10 (3)：375－383.

[26] 欧阳优．建筑施工企业数字成熟度对环境绩效的影响研究 [D]．西安：长安大学，2021.

[27] 时勘，宋旭东，周瑞华，等．变革型领导对员工工作幸福感的影响机制：工作重塑的中介作用与领导成员交换的调节作用 [J]．心理研究，2022，15 (6)：526－535.

[28] 孙洁，龚晓南，张宏，等．数字化驱动的建筑业高质量发展战略路径研究 [J]．中国工程科学，2021，23 (4)：56－63.

[29] 陶建宏，师萍，段伟宇．高阶理论研究综述——基于跨层次整合视角 [J]．科技管理研究，2013，33 (10)：224－229，242.

[30] 万鹏宇，王弘钰．高管团队交互记忆系统、能力重构与企业创新绩效——团队自反性的视角 [J]．科技管理研究，2020，40 (16)：157－166.

[31] 王才．数字化转型对企业创新绩效的作用机制研究 [J]．当代经济管理，2021，43 (3)：34－42.

[32] 王德才，赵曙明．CEO 变革型领导行为、战略柔性与公司企业家精神关系——基于中小企业的实证研究 [J]．科学学与科学技术管理，2014，35 (6)：144－153.

[33] 王鸥. 数字经济的特征与未来发展趋势 [J]. 中国市场，2020 (6)：189 - 190.

[34] 王鹏程，刘善仕，刘念. 组织模块化能否提高制造企业服务创新绩效？——基于组织信息处理理论的视角 [J]. 管理评论，2021，33 (11)：157 - 169.

[35] 王新成，李垣，马凤连，等. 环境动态性与创新战略选择——企业创业导向和技术能力的调节作用 [J]. 研究与发展管理，2021，33 (04)：111 - 120，182.

[36] 王永伟，张善良，郭鹏飞，等. CEO 变革型领导行为、创业导向与商业模式创新 [J]. 中国软科学，2021 (5)：167 - 175.

[37] 吴明隆. SPSS 统计应用实务 [M]. 北京：科学出版社，2000.

[38] 吴挺. 互联网创业转型下的变革领导力及其效能机制研究 [D]. 杭州：浙江大学，2016.

[39] 吴晓云，陈鹏飞. 信息技术对服务企业组织敏捷性影响的实证研究 [J]. 外国经济与管理，2015，37 (9)：80 - 96.

[40] 徐广平，张金山，杜运周. 环境与组织因素组态效应对公司创业的影响——一项模糊集的定性比较分析 [J]. 外国经济与管理，2020，42 (1)：3 - 16.

[41] 杨红，彭灿，李瑞雪，等. 变革型领导、知识共享与研发团队创造力：团队成员异质性的倒 U 型调节作用 [J]. 运筹与管理，2021，30 (1)：217 - 224.

[42] 杨尚阳. 变革型领导、战略柔性与企业绩效的关系研究 [D]. 广州：华南理工大学，2015.

[43] 杨天泽. 建筑企业动态能力及其与创新绩效的关系研究 [D]. 南京：东南大学，2021.

[44] 杨智艳，陶建宏，刘娅娅. 变革型领导、组织公民行为对组织韧性的影响研究——自我效能感的调节 [J]. 中国人事科

学，2022（5）：65－75.

［45］易露霞，吴非，常曦．企业数字化转型进程与主业绩效——来自中国上市企业年报文本识别的经验证据［J］．现代财经（天津财经大学学报），2021，41（10）：24－38.

［46］张伟齐．互联网企业互动导向对服务创新绩效的影响研究［D］．长沙：湖南大学，2018.

［47］张秀娥，张向，王超．技术能力对新创企业运营绩效的影响研究［J］．科学学研究，2022：1－14.

［48］赵彬，王友群，牛博生．基于BIM的4D虚拟建造技术在工程项目进度管理中的应用［J］．建筑经济，2011（9）：93－95.

［49］周孝．企业数字化转型的成效、障碍与政策诉求——基于微观调查数据的分析［J］．财政科学，2022（11）：104－118.

［50］Aghimien D, Aigbavboa C, Oke A, et al. Digitalization of construction organisations – a case for digital partnering［J］. International Journal of Construction Management, 2022, 22（10）: 1950－1959.

［51］Afsar B, Badir Y F, Saeed B B, et al. Transformational and transactional leadership and employee's entrepreneurial behavior in knowledge – intensive industries［J］. The International Journal of Human Resource Management, 2017, 28（2）: 307－332.

［52］Aghimien D O, Aigbavboa C O, Oke A E. Critical success factors for digital partnering of construction organisations – a Delphi study［J］. Engineering, Construction and Architectural Management, 2020, 27（10）: 3171－3188.

［53］Ahammad M F, Glaister K W, Gomes E. Strategic agility and human resource management［J］. Human Resource Management Review, 2020, 30（1）: 100700.

［54］AlNuaimi B K, Kumar Singh S, Ren S, et al. Mastering digital transformation: The nexus between leadership, agility, and digital strategy [J]. Journal of Business Research, 2022, 145: 636 - 648.

[55] Ashrafi A, Zare Ravasan A, Trkman P, et al. The role of business analytics capabilities in bolstering firms' agility and performance [J]. International Journal of Information Management, 2019, 47: 1 - 15.

[56] Avolio B J, Bass B M, Jung D I. Re - examining the components of transformational and transactional leadership using the Multifactor Leadership [J]. Journal of Occupational and Organizational Psychology, 1999, 72 (4): 441 - 462.

[57] Barlette Y, Baillette P. Big data analytics in turbulent contexts: towards organizational change for enhanced agility [J]. Production Planning & Control, 2022, 33 (2 - 3): 105 - 122.

[58] Baron R M, Kenny D A. The moderator - mediator variable distinction in social psychological research: Conceptual, strategic, and statistical considerations [J]. Journal of Personality and Social Psychology, 1986, 51 (6): 1173 - 1182.

[59] Bass B M. Leadership and performance beyond expectations [M]. New York: The Free Press, 1985.

[60] Berlak J, Hafner S, Kuppelwieser V G. Digitalization's impacts on productivity: a model - based approach and evaluation in Germany's building construction industry [J]. Production Planning & Control, Taylor & Francis, 2021, 32 (4): 335 - 345.

[61] Bernardin H J, Beatty R W. Performance appraisal: Assessing human behavior at work [M]. Boston: Kent Publishing Company, 1984.

[62] Bonanomi M M, Hall D M, Staub - French S, et al. The impact of digital transformation on formal and informal organizational structures of large architecture and engineering firms [J]. Engineering, Con-

struction and Architectural Management, 2020, 27 (4): 872 - 889.

[63] Boton C, Rivest L, Ghnaya O, et al. What is at the Root of Construction 4.0: A Systematic Review of the Recent Research Effort [J]. Archives of Computational Methods in Engineering, 2021, 28 (4): 2331 - 2350.

[64] Brown J L, Agnew N McK. Corporate agility [J]. Business Horizons, 1982, 25 (2): 29 - 33.

[65] Burns J M. Leadership [M]. New York: Harper & Row, 1978.

[66] Busse R, Weidner G. A qualitative investigation on combined effects of distant leadership, organisational agility and digital collaboration on perceived employee engagement [J]. Leadership & Organization Development Journal, Emerald Publishing Limited, 2020, 41 (4): 535 - 550.

[67] Campbell J, McCloy R, Oppler S, et al. A Theory of Performance [M]. San Francisco: Jossey - Bass, 1993.

[68] Chakravarty A, Grewal R, Sambamurthy V. Information Technology Competencies, Organizational Agility, and Firm Performance: Enabling and Facilitating Roles [J]. Information Systems Research, 2013, 24 (4): 976 - 997.

[69] Chen H, Tian Z. Environmental uncertainty, resource orchestration and digital transformation: A fuzzy - set QCA approach [J]. Journal of Business Research, 2022, 139: 184 - 193.

[70] Chen J - X, Sharma P, Zhan W, et al. Demystifying the impact of CEO transformational leadership on firm performance: Interactive roles of exploratory innovation and environmental uncertainty [J]. Journal of Business Research, 2019, 96: 85 - 96.

[71] Chen X, Siau K. Business Analytics/Business Intelligence and IT Infrastructure: Impact on Organizational Agility [J]. Journal of

Organizational and End User Computing, 2020, 32 (4): 138 - 161.

[72] Chen X. The development trend and practical innovation of smart cities under the integration of new technologies [J]. Frontiers of Engineering Management, 2019, 6 (4): 485 - 502.

[73] Cho H E, Jeong I, Kim E, et al. Achieving superior performance in international markets: the roles of organizational agility and absorptive capacity [J]. Journal of Business & Industrial Marketing, 2022.

[74] Ciampi F, Faraoni M, Ballerini J, et al. The co - evolutionary relationship between digitalization and organizational agility: Ongoing debates, theoretical developments and future research perspectives [J]. Technological Forecasting and Social Change, 2022, 176: 121383.

[75] Cichosz M, Wallenburg C M, Knemeyer A M. Digital transformation at logistics service providers: barriers, success factors and leading practices [J]. The International Journal of Logistics Management, Emerald Publishing Limited, 2020, 31 (2): 209 - 238.

[76] Claassen K, Dos Anjos D R, Kettschau J, et al. How to evaluate digital leadership: a cross - sectional study [J]. Journal of Occupational Medicine and Toxicology, 2021, 16 (1): 44.

[77] Craveiro F, Duarte J P, Bartolo H, et al. Additive manufacturing as an enabling technology for digital construction: A perspective on Construction 4.0 [J]. Automation in Construction, 2019, 103: 251 - 267.

[78] Dess G G, Beard D W. Dimensions of Organizational Task Environments [J]. Administrative Science Quarterly, 1984, 29 (1): 52 - 73.

[79] Dess G G, Robinson Jr. R B. Measuring organizational performance in the absence of objective measures: The case of the privately - held

firm and conglomerate business unit [J]. Strategic Management Journal, 1984, 5 (3): 265 -273.

[80] Dumas C, Beinecke R H. Change leadership in the 21st century [J]. Journal of Organizational Change Management, 2018, 31 (4): 867 -876.

[81] EI Hilali W, EI Manouar A, Janati Idrissi M A. Reaching sustainability during a digital transformation: a PLS approach [J]. International Journal of Innovation Science, 2020, 12 (1): 52 -79.

[82] ElMassah S, Mohieldin M. Digital transformation and localizing the Sustainable Development Goals (SDGs) [J]. Ecological Economics, 2020, 169: 106490.

[83] Ernstsen S N, Whyte J, Thuesen C, et al. How Innovation Champions Frame the Future: Three Visions for Digital Transformation of Construction [J]. Journal of Construction Engineering and Management, 2021, 147 (1): 05020022.

[84] Finkelstein S, Hambrick D C. Strategic Leadership: Top Executives and Their Effects on Organizations [J]. Australian Journal of Management, 1997, 22 (2) .

[85] Fischer M, Imgrund F, Janiesch C, et al. Strategy archetypes for digital transformation: Defining meta objectives using business process management [J]. Information & Management, 2020, 57 (5): 103262.

[86] Fiss P C. Building Better Causal Theories: A Fuzzy Set Approach to Typologies in Organization Research [J]. Academy of Management Journal, Academy of Management, 2011, 54 (2): 393 -420.

[87] Fornell C, Larcker D F. Structural Equation Models with Unobservable Variables and Measurement Error: Algebra and Statistics [J]. Journal of Marketing Research, SAGE Publications Inc, 1981, 18

(3): 382 – 388.

[88] Frankiewicz B, Chamorro – Premuzic T. Digital Transformation Is About Talent, Not Technology [J]. Harvard Business Review, 2020, 6 (3): 2 – 6.

[89] Ghufran M, Khan K I A, Ullah F, et al. Key Enablers of Resilient and Sustainable Construction Supply Chains: A Systems Thinking Approach [J]. Sustainability, 2022, 14 (19): 11815.

[90] Gurbaxani V, Dunkle D. Gearing Up For Successful Digital Transformation [J]. Mis Quarterly Executive, 2019, 18 (3): 209 – 220.

[91] Hair J F, Risher J J, Sarstedt M, et al. When to use and how to report the results of PLS – SEM [J]. European Business Review, Emerald Publishing Limited, 2019, 31 (1): 2 – 24.

[92] Hambrick D C. Upper Echelons Theory: An Update [J]. Academy of Management Review, 2007, 32 (2): 334 – 343.

[93] Hanelt A, Bohnsack R, Marz D, et al. A Systematic Review of the Literature on Digital Transformation: Insights and Implications for Strategy and Organizational Change [J]. Journal of Management Studies, 2021, 58 (5): 1159 – 1197.

[94] Hausberg J P, Liere – Netheler K, Packmohr S, et al. Research streams on digital transformation from a holistic business perspective: a systematic literature review and citation network analysis [J]. Journal of Business Economics, 2019, 89 (8): 931 – 963.

[95] Helfat C E, Winter S G. Untangling Dynamic and Operational Capabilities: Strategy for the (N) ever – Changing World [J]. Strategic Management Journal, 2011, 32 (11): 1243 – 1250.

[96] Herold D, Fedor D, Caldwell S, et al. The Effects of Transformational and Change Leadership on Employees' Commitment to a

Change: A Multilevel Study [J]. The Journal of applied psychology, 2008, 93: 346 -57.

[97] Hooper A, Potter J. Intelligent Leadership: Creating the Habit of Excellence [M]. London: Random House Business Books, 2000.

[98] Huang P - Y, Pan S L, Ouyang T H. Developing information processing capability for operational agility: implications from a Chinese manufacturer [J]. European Journal of Information Systems, 2014, 23 (4): 462 -480.

[99] Hwang B - G, Ngo J, Her P W Y. Integrated Digital Delivery: Implementation status and project performance in the Singapore construction industry [J]. Journal of Cleaner Production, 2020, 262: 121396.

[100] Isaev E, Korovkina N, Tabakova M. Evaluation of the readiness of a company's IT department for digital business transformation [J]. Business Informatics, 2018, 2 (44): 55 -64.

[101] Ivanov D, Sokolov B. Control and system - theoretic identification of the supply chain dynamics domain for planning, analysis and adaptation of performance under uncertainty [J]. European Journal of Operational Research, 2013, 224 (2): 313 -323.

[102] Jansen J J P, Van Den Bosch F A J, Volberda H W. Exploratory Innovation, Exploitative Innovation, and Performance: Effects of Organizational Antecedents and Environmental Moderators [J]. Management Science, 2006, 52 (11): 1661 -1674.

[103] Jaworski B J, Kohli A K. Market Orientation: Antecedents and Consequences [J]. Journal of Marketing, SAGE Publications Inc, 1993, 57 (3): 53 -70.

[104] Judge T A, Erez A, Bono J E, et al. The core self - evalu-

ations scale: Development of a measure [J]. Personnel Psychology, 2003, 56 (2): 303 -331.

[105] Kline R B. Principles and Practice of Structural Equation Modeling [M]. New York: Guilford Press, 2010.

[106] Kohli R, Melville N P. Digital innovation: A review and synthesis [J]. Information Systems Journal, 2019, 29 (1): 200 - 223.

[107] Lee C -H, Liu C -L, Trappey A J C, et al. Understanding digital transformation in advanced manufacturing and engineering: A bibliometric analysis, topic modeling and research trend discovery [J]. Advanced Engineering Informatics, 2021, 50: 101428.

[108] Legesse C, Retno I, Panjaitan G, et al. A Systematic Literature Review on Digital Transformation [C]//Bandung - Padang: IEEE, 2018: 260 -265.

[109] Li H, Wu Y, Cao D, et al. Organizational mindfulness towards digital transformation as a prerequisite of information processing capability to achieve market agility [J]. Journal of Business Research, 2021, 122: 700 -712.

[110] Li L, Su F, Zhang W, et al. Digital transformation by SME entrepreneurs: A capability perspective [J]. Information Systems Journal, 2018, 28 (6): 1129 -1157.

[111] Lu Y, Ramamurthy K. Understanding the link between information technology capability and organizational agility: an empirical examination [J]. MIS quarterly, 2011, 35 (4): 931 -954.

[112] Margiono A. Digital transformation: setting the pace [J]. Journal of Business Strategy, 2020, 42 (5): 315 -322.

[113] Mayegle F -X, Nguidjol S N. Determinants of Choice of Management Control System in Cameroonian SMEs: A Contingency Approach

[J]. Journal of Management and Strategy, 2017, 8 (2): 25 –42.

[114] Medeiros M M de, Macada A C G. Competitive advantage of data – driven analytical capabilities: the role of big data visualization and of organizational agility [J]. Management Decision, Emerald Publishing Limited, 2021, 60 (4): 953 –975.

[115] Menon S, Suresh M. Factors influencing organizational agility in higher education [J]. Benchmarking: An International Journal, Emerald Publishing Limited, 2020, 28 (1): 307 332.

[116] Mihardjo L W W, Sasmoko N A, Alamsjah F, et al. Digital transformation: a transformational performance – based conceptual model through co – creation strategy and business model innovation in the Industry 4.0 in Indonesia [J]. International Journal of Economics and Business Research, 2019, 18 (3): 369 –386.

[117] Miller D, Friesen P H. Strategy – making and environment: The third link [J]. Strategic Management Journal, 1983, 4 (3): 221 –235.

[118] Morgan B. Organizing for digitalization through mutual constitution: the case of a design firm [J]. Construction Management and Economics, 2019, 37 (7): 400 –417.

[119] Nadkarni S, Herrmann P. CEO Personality, Strategic Flexibility, and Firm Performance: The Case of the Indian Business Process Outsourcing Industry [J]. Academy of Management Journal, Academy of Management, 2010, 53 (5): 1050 –1073.

[120] Nambisan S, Wright M, Feldman M. The digital transformation of innovation and entrepreneurship: Progress, challenges and key themes [J]. Research Policy, 2019, 48 (8): 103773.

[121] Ni G, Xu H, Cui Q, et al. Influence Mechanism of Organizational Flexibility on Enterprise Competitiveness: The Mediating Role

of Organizational Innovation [J]. Sustainability, Multidisciplinary Digital Publishing Institute, 2021, 13 (1): 176.

[122] Oh K, Kho H, Choi Y, et al. Determinants for Successful Digital Transformation [J]. Sustainability, 2022, 14 (3): 1215.

[123] Olanipekun A O, Sutrisna M. Facilitating Digital Transformation in Construction—A Systematic Review of the Current State of the Art [J]. Frontiers in Built Environment, 2021, 7: 660758.

[124] Pappas I O, Mikalef P, Giannakos M N, et al. Big data and business analytics ecosystems: paving the way towards digital transformation and sustainable societies [J]. Information Systems and e - Business Management, 2018, 16 (3): 479 - 491.

[125] Porfírio J A, Carrilho T, Felício J A, et al. Leadership characteristics and digital transformation [J]. Journal of Business Research, 2021, 124: 610 - 619.

[126] Priyono A, Moin A, Putri V N A O. Identifying Digital Transformation Paths in the Business Model of SMEs during the COVID - 19 Pandemic [J]. Journal of Open Innovation: Technology, Market, and Complexity, 2020, 6 (4): 104.

[127] Promsri D C. The Developing Model of Digital Leadership for a Successful Digital Transformation [J]. GPH - International Journal of Business Management, 2019, 2 (08): 01 - 08.

[128] Rafferty A E, Griffin M A. Dimensions of transformational leadership: Conceptual and empirical extensions [J]. The Leadership Quarterly, 2004, 15 (3): 329 - 354.

[129] Ragin C C. Redesigning Social Inquiry [M]. Chicago: University of Chicago Press, 2008.

[130] Reis J, Amorim M, Melão N, et al. Digital Transformation: A Literature Review and Guidelines for Future Research [C]//

ROCHA Á, ADELI H, REIS L P, et al. Cham: Springer International Publishing, 2018, 745: 411 – 421.

[131] Ricciardi F, Zardini A, Rossignoli C. Organizational dynamism and adaptive business model innovation: The triple paradox configuration [J]. Journal of Business Research, 2016, 69 (11): 5487 – 5493.

[132] Roberts N, Grover V. Investigating firm's customer agility and firm performance: The importance of aligning sense and respond capabilities [J]. Journal of Business Research, 2012, 65 (5): 579 – 585.

[133] Rozak H A, Adhiatma A, Fachrunnisa O, et al. Social Media Engagement, Organizational Agility and Digitalization Strategic Plan to Improve SMEs' Performance [J]. IEEE Transactions on Engineering Management, 2021: 1 – 10.

[134] Saeed M A, Jiao Y, Zahid M M, et al. Organizational flexibility and project portfolio performance: the roles of innovation, absorptive capacity and environmental dynamism [J]. International Journal of Managing Projects in Business, 2020, 14 (3): 600 – 624.

[135] Sambamurthy V, Bharadwaj A, Grover V. Shaping Agility through Digital Options: Reconceptualizing the Role of Information Technology in Contemporary Firms [J]. MIS Quarterly, Management Information Systems Research Center, University of Minnesota, 2003, 27 (2): 237 – 263.

[136] Scholz R W, Czichos R, Parycek P, et al. Organizational vulnerability of digital threats: A first validation of an assessment method [J]. European Journal of Operational Research, 2020, 282 (2): 627 – 643.

[137] Schreyögg G, Kliesch M. Dynamic capabilities and the de-

velopment of organizational competencies [M]. Berlin: Freie Univ., Institut für Management, 2005.

[138] Shafer R A, Dyer L, Kilty J, et al. Crafting a Human Resource Strategy to Foster Organizational Agility: A Case Study [J]. Human Resource Management, 2001, 40 (3): 197-211.

[139] Shah A K, Jintian Y, Sukamani D, et al. How green transformational leadership influences sustainability? Mediating effects of green creativity and green procurement [J]. Journal on Innovation and Sustainability RISUS, 2020, 11 (4): 69-87.

[140] Sharifi H, Zhang Z. Agile manufacturing in practice - Application of a methodology [J]. International Journal of Operations & Production Management, 2001, 21 (5/6): 772-794.

[141] Sharma P N, Liengaard B D, Hair J F, et al. Predictive model assessment and selection in composite - based modeling using PLS - SEM: extensions and guidelines for using CVPAT [J]. European Journal of Marketing, 2022.

[142] Sjödin D, Parida V, Kohtamäki M, et al. An agile co - creation process for digital servitization: A micro - service innovation approach [J]. Journal of Business Research, 2020, 112: 478-491.

[143] Steiber A, Alänge S, Ghosh S, et al. Digital transformation of industrial firms: an innovation diffusion perspective [J]. European Journal of Innovation Management, 2021, 24 (3): 799-819.

[144] Teece D J, Pisano G, Shuen A. Dynamic capabilities and strategic management [J]. Strategic Management Journal, 1997, 18 (7): 509-533.

[145] Teece D J. Profiting from innovation in the digital economy: Enabling technologies, standards, and licensing models in the wireless world [J]. Research Policy, 2018, 47 (8): 1367-1387.

[146] Tijan E, Jović M, Aksentijević S, et al. Digital transformation in the maritime transport sector [J]. Technological Forecasting and Social Change, 2021, 170: 120879.

[147] Tosi H L, Slocum J W. Contingency Theory: Some Suggested Directions [J]. Journal of Management, 1984, 10 (1): 9 –26.

[148] Tziner A, Murphy K R, Cleveland J N, et al. Impact of Rater Beliefs Regarding Performance Appraisal and Its Organizational Context on Appraisal Quality [J]. Journal of Business and Psychology, 1998, 12 (4): 457 –467.

[149] VanBoskirk S, Gill M, Green D, et al. The Digital Maturity Model 5.0 [J]. Forrester Research, 2017.

[150] Verhoef P C, Broekhuizen T, Bart Y, et al. Digital transformation: A multidisciplinary reflection and research agenda [J]. Journal of Business Research, 2021, 122: 889 –901.

[151] Vial G. Understanding digital transformation: A review and a research agenda [J]. Journal of Strategic Information Systems, 2019, 28 (2): 118 –144.

[152] Walter A – T. Organizational agility: ill – defined and somewhat confusing? A systematic literature review and conceptualization [J]. Management Review Quarterly, 2021, 71 (2): 343 –391.

[153] Warner K S R, Wäger M. Building dynamic capabilities for digital transformation: An ongoing process of strategic renewal [J]. Long Range Planning, 2019, 52 (3): 326 –349.

[154] Wengler S, Hildmann G, Vossebein U. Digital transformation in sales as an evolving process [J]. Journal of Business & Industrial Marketing, Emerald Publishing Limited, 2021, 36 (4): 599 –614.

[155] Winter S G. Understanding dynamic capabilities [J]. Strategic Management Journal, 2003, 24 (10): 991 –995.

[156] Woodhead R, Stephenson P, Morrey D. Digital construction: From point solutions to IoT ecosystem [J]. Automation in Construction, 2018, 93: 35-46.

[157] Xu Z, Song T, Guo S, et al. Robotics technologies aided for 3D printing in construction: a review [J]. The International Journal of Advanced Manufacturing Technology, 2022, 118 (11): 3559-3574.

[158] Yang C, Chen Y, Zhao X (Roy), et al. Transformational leadership, proactive personality and service performance: The mediating role of organizational embeddedness [J]. International Journal of Contemporary Hospitality Management, 2019, 32 (1): 267-287.

[159] Yin K, Li C, Sheldon O J, et al. CEO transformational leadership and firm innovation: the role of strategic flexibility and top management team knowledge diversity [J]. Chinese Management Studies, 2022.

[160] You Z, Feng L. Integration of Industry 4.0 Related Technologies in Construction Industry: A Framework of Cyber-Physical System [J]. IEEE Access, 2020, 8: 122908-122922.

[161] Yusuf Y Y, Sarhadi M, Gunasekaran A. Agile manufacturing: The drivers, concepts and attributes [J]. International Journal of Production Economics, 1999, 62 (1): 33-43.

[162] Zeike S, Bradbury K, Lindert L, et al. Digital Leadership Skills and Associations with Psychological Well-Being [J]. International Journal of Environmental Research and Public Health, 2019, 16 (14): 2628.

[163] Zhang F, Chen J, Zhu L. How Does Environmental Dynamism Impact Green Process Innovation? A Supply Chain Cooperation Perspective [J]. IEEE Transactions on Engineering Management,

2021, 70 (2): 509 – 522.

[164] Zhang Y, Zheng J, Darko A. How Does Transformational Leadership Promote Innovation in Construction? The Mediating Role of Innovation Climate and the Multilevel Moderation Role of Project Requirements [J]. Sustainability, 2018, 10 (5): 1506.

[165] Zheng J, Wu G, Xie H. Impacts of Leadership on Project – Based Organizational Innovation Performance: The Mediator of Knowledge Sharing and Moderator of Social Capital [J]. Sustainability, 2017, 9 (10): 1893.

[166] Zouari D, Ruel S, Viale L. Does digitalising the supply chain contribute to its resilience? [J]. International Journal of Physical Distribution and Logistics Management, Emerald, 2020, 51 (2): 149 – 180.

[167] Zulu S L, Khosrowshahi F. A taxonomy of digital leadership in the construction industry [J]. Construction Management and Economics, Routledge, 2021, 39 (7): 565 – 578.